Sportwetten an der Wettbörse

Trading
Die neue Art zu wetten

von Ralf Betmann

erste Auflage

Bibliografische Information der Deutschen Nationalbibliothek
Die Deutsche Nationalbibliothek verzeichnet diese Publikation in der Deutschen Nationalbibliografie; detaillierte bibliografische Daten sind im Internet über http://dnb.d-nb.de abrufbar

© 2007 – 2008 by Ralf Betmann
http://betman.blogspot.com

ISBN-13: 9783837099201

Jegliche Art der Vervielfältigung oder Veröffentlichung, auch auszugsweise, ist ohne Zustimmung des Autors bzw. des Verlages unzulässig und strafbar.
Herstellung und Verlag: Books on Demand GmbH, Norderstedt

Betfair™ ist ein Handelsname der **The Sporting Exchange Limited**
FairBot ist eine Wettsoftware der Binteko Software Company

Inhaltsverzeichnis

EINLEITUNG 11

Welche Vorkenntnisse sind erforderlich? 11

WIE IST DIESES BUCH ZU LESEN? 12

Ist eine Software erforderlich? 12

KAPITEL 1: DIE BÖRSE 15

DAS FUNKTIONSPRINZIP DER BÖRSE 15
    Wer zuerst kommt, mahlt zuerst 16
    Den letzten beißen die Hunde 16
    Angebote und Kaufgesuche 16

Wer oder was gestaltet die Preise? 19
    Angebot und Nachfrage 19

Der Trend 19
    Verkaufen oder kaufen? 20
    Der Abwärtstrend 20
    Der Aufwärtstrend 20

DER HANDEL 20

Der Aufwärtstrend 21

Der Abwärtstrend 21

Zusammenfassung 21

Der richtige Trend 21
    Die Preise und der Trend 22
    Der „Wissende" 22
    Der „Unwissende" 23
    Der „Besserwisser" 23

Risiken und Nebenwirkungen 24

KAPITEL 2: DIE WETTBÖRSE 27

Die Unterschiede zur Börse 27
    Die Handelsware 27
    Preis und Quote 28

Regeln und Grundsätze 29

Sie sind ein Unternehmer 30
    Das Unternehmen 30

KAPITEL 3: WAS MAN WISSEN SOLLTE 31

Die Quotenschritte 31

Die Gewichtung des Geldes 32

Der Buchwert % 33

Die Berechnung der Einsätze 34
    Die Smart-Bet-Formel 34

Das Moneymanagement 35

Point of equal Time (PET) – Punkt gleicher Zeit 36
    Time for a Goal (TFG) – Zeit für ein Tor 36
    Time without Risk (TWR) – Zeit ohne Risiko 36
    Der gefühlte PET 37

KAPITEL 4: DAS EINFACHE TRADING 39

Der geeignete Markt 39

Ohne Bewegung kein Trading 40

Was sagen uns die Quoten über den Trend? 40

Der Preplay-Trend 41

Der Inplay-Trend 41
    Der zeitlich begrenzte Trend 42

DER ZEITLICH UNBEGRENZTE TREND 44

Der schnelle und zuverlässige Trend 44

Werden Kenntnisse über die Sportart vorausgesetzt? 45

KAPITEL 5: DIE TRENDS UND IHRE RISIKEN 47

Der Preplay-Trend 47

Der zeitlich begrenzte Inplay Trend 49

Der zeitlich nicht begrenzte Inplay Trend 50

KAPITEL 6: TRADING MIT DEM TREND 51

TRADING MIT STRATEGIE 51

Die Strategie des Tradings 51
    Die risikolose Wette 53
    Er heißt Murphy 54

Erstellen einer Strategie 55

Die Back-Lay-Strategie 55
    Den Verlust minimieren 57
    Der Langzeittest mit Protokoll 58
    Die Optimierung der Strategie 59
    Der exakte Zeitpunkt für die Platzierung 60

Die Lay-Back-Strategie 61

Vor- und Nachteile einer Strategie 64

TRADING OHNE STRATEGIE 65
    Tennis 65
    Volleyball 66
    Pferdewetten 67

Das verflixte Bauchgefühl 68

Wie nützlich sind Statistiken? 69

Die Schadensbegrenzung 70
    Wann muss ein Verlust begrenzt werden? 70
    Durchführung der Schadensbegrenzung 71

KAPITEL 7: TRADING GEGEN DEN TREND 73

Lay the Draw 74

KAPITEL 8: TRADING IN VERSCHIEDENEN MÄRKTEN ... 75

Die Sure-Bet 75
    Wie findet man Sure-Bets? 76
    Platzieren der Sure-Bet 77
    Risiken der Sure-Bet 77
    Einsatz und Provision 77

KAPITEL 9: WETTSOFTWARE 83

Was sollte eine Wettsoftware können? 84
    Die Trading Funktion 84
    Berechnung des Einsatzes 84
    Greening.. 84
    Weight of Money (WoM) 85
    Die Grid-Ansicht 85
    Die Ladder-Ansicht 86

KAPITEL 10: HINTER DEN KULISSEN 87

KAPITEL 11: TIPPS UND TRICKS 89

Stornieren oder Ändern offener Wetten 90

Vertrauen Sie Ihrer Strategie 90

Der richtige Einsatz 91
    Die Back-Bet-Formel 91
    Die Lay-Bet-Formel 91
    Die Gewinnsituation 94
    Die Verlustsituation 94

SCHLUSSWORT 95

ANHANG 97

Wettbörsen 97

Live-Scores und Live-Ticker 97

Kalkulatoren 98

Nützliche Adressen 98

Einleitung

Seit Jahrhunderten wird mit allem, was nicht niet- und nagelfest ist, gehandelt. Zuerst waren es die Handwerker, Jäger und Sammler, die ihre Produkte selber in Eigenregie an den Mann oder an die Frau brachten, wobei die Frau damals weniger darin einbezogen war. Irgendwann tauchten dann Händler auf, die von Dorf zu Dorf zogen, um Waren einzukaufen, welche sie dann andernorts mit Gewinn wieder verkauften. Für die Lieferanten der Produkte ergaben sich neue Absatzmärkte und es entstand, wenn auch in bescheidener Form, der wichtigste Bestandteil der heutigen Wirtschaft. Der Handel. Bald kauften dann Großhändler die Ware beim Hersteller und die Händler bezogen ihre Handelsware nun beim Großhändler. Da waren es schon drei, die daran verdienen wollten und das führte zu höheren Preisen bzw. zu niedrigeren Gewinnen, welches wiederum Preisvergleiche erforderlich machte. Die Großhändler suchten die preiswertesten Lieferanten, die Händler den günstigsten Großhändler und der Endkunde den billigsten Händler.

Was hat das nun mit dem Quotenhandel an der Wettbörse zu tun? Diese Frage ist ganz schnell beantwortet.
Indem eine angebotene Wette angenommen wird, wird sie zu einem Handelsobjekt und unterliegt somit den gleichen Regelungen wie alle anderen Handelsobjekte.

Welche Vorkenntnisse sind erforderlich?

Vorkenntnisse sind insofern erforderlich, dass Sie mit dem Wetten an einer Wettbörse einigermaßen vertraut sind. Sie sollten schon wissen, was es mit Back und Lay auf sich hat, was der Inplay-Modus ist und wie eine Wette platziert wird. Weitergehende Vorkenntnisse sind jedoch nicht erforderlich.
Sollten Sie sich jedoch dieses Buch zugelegt haben, ohne über die erforderlichen Grundkenntnisse zu verfügen, empfehle ich Ihnen, es vorerst zur Seite zu legen, und sich mit den Grundlagen des Wettens an der Wettbörse vertraut zu machen.[1]

---

[1] Wetten ohne Risiko von Ralf Betmann

Wie ist dieses Buch zu lesen?

Der Sinn dieses Buches ist, das erforderliche Wissen um das Trading zu vermitteln. Es ist keine Strategiensammlung, aber Sie werden nach der Lektüre in der Lage sein, erfolgreich mit Quoten zu handeln, indem Sie den Markt richtig beurteilen können, die Platzierungen im richtigen Moment zu setzen und im Notfall einen Verlust zu mindern bzw. vermeiden zu können.
Lesen Sie dieses Buch unbedingt Kapitel für Kapitel. Beginnen Sie mit dem Anfang und gehen Sie erst zum nächsten Kapitel, wenn Sie das bisher gelesene wirklich verstanden haben. Ich werde mich des Öfteren in diesem Buch wiederholen, was jedoch von mir beabsichtigt ist. Einerseits müssen Sie dann nicht zurückblättern und andererseits helfen Wiederholungen, das Gelesene auch in dem betreffenden Zusammenhang zu verstehen.
Gehen Sie erst zum nächsten Kapitel, wenn Sie das gelesene wirklich verstanden haben und abhaken können. Haken Sie das Thema im Inhaltsverzeichnis ab, wenn Sie es verstanden haben. Wenn Sie es nicht verstanden haben, beginnen Sie noch einmal von vorn, denn erst beim wiederholten Durchlesen des gesamten Kapitels fällt manchmal der berühmte Groschen.

Bei der Vielfalt der Sportarten, auf die gewettet werden kann, würde es den Rahmen dieses Buches sprengen, auf alle Sportarten einzugehen. Darum beschränke ich mich in den Beschreibungen auf den Fußballsport, wobei alle Beispiele sinngemäß auf alle anderen Sportarten ebenfalls zutreffen.

Ist eine Software erforderlich?

Grundsätzlich ist eine zusätzliche Wettsoftware nicht zwingend erforderlich, denn alle Wetten sind auch direkt bei Betfair™ platzierbar, jedoch ist eine entsprechende Software überaus hilfreich, da es beim Quotenhandel (Trading) meistens notwendig ist, schnell reagieren zu müssen und es ist verdammt ärgerlich, auf eine günstige Gelegenheit verzichten zu müssen, weil die Zeit nicht ausreicht, um die entsprechenden Einsätze zu berechnen, den Markt zu aktualisieren und dann auch noch die Wette rechtzeitig zu platzieren. Für ein erfolgreiches Trading empfehle ich daher unbedingt den Einsatz einer Software, zumal einige der hier beschriebenen Vorgehensweisen nur mit einer geeigneten Wettsoftware möglich sind. Ich habe mich daher für die Wettsoftware FairBot entschieden, welche alle für mich bedeutsamen Funktionen enthält, sehr bedienerfreundlich und logisch aufgebaut ist. Eine deutsche Beschreibung dieser Software finden Sie in meinem Buch zur Software[2].

---

[2] FairBot 2.4 – Das Buch zur Software von Ralf Betmann

Kapitel 1: Die Börse

Heute ist es, vereinfacht dargestellt so, dass die Börsen die Vermittlerrolle zwischen Verkäufern und Käufern übernommen haben.
Die Verkäufer erteilen der Börse den Auftrag, ihr Produkt an den zu verkaufen, der am meisten zahlt, wobei ein bestimmter Mindestpreis nicht unterschritten werden soll. Die Käufer erteilen ihrerseits der Börse den Auftrag, ein Produkt zum günstigsten Preis zu kaufen, wobei ein bestimmter Höchstbetrag nicht überschritten werden darf.

Zum besseren Verständnis der Vorgänge an der Börse wähle ich als Handelsobjekt den Weizen, der ja bekanntlich weltweit gehandelt wird. Als Preis wähle ich einmal ca. 1000,- € je Tonne, wobei dieser Preis von mir willkürlich gewählt wurde und nichts mit der Realität zu tun hat. Wenn Sie also selber mit Weizen an der Börse handeln sollten, hauen Sie mir bitte nicht das Buch wegen unrealistischer Beispiele um die Ohren.

<u>**Es sind nur Beispiele.**</u>

Der Einfachheit halber lassen wir für unsere Beispiele die Verbraucher und den gesamten Zwischenhandel außer Acht und reden einfach nur von Verkäufern und Käufern.

<u>Das Funktionsprinzip der Börse</u>

Die Börse arbeitet nach festen Regeln, die nicht manipulierbar ist. Nur wer die Regeln kennt, kann erfolgreich an der Börse Handel treiben, und wer sie nicht kennt oder sie ignoriert, wird irgendwann kläglich scheitern, und weil es dabei um viel Geld geht, kann das den Ruin bedeuten.
Lesen Sie unbedingt dieses Kapitel. Denken Sie daran, warum Sie dieses Buch gekauft haben.

Entweder sind Sie Anfänger und möchten ein solides Grundwissen erwerben oder Sie haben sich das Buch gekauft, weil Sie trotz Ihres Wissens immer noch mehr verlieren als gewinnen. Wenn Sie allerdings alles richtig gemacht haben, können Sie vielleicht noch etwas dazulernen und Ihre Erfolge noch etwas verbessern.

Wer zuerst kommt, mahlt zuerst

Früher brachten die Bauern ihr Getreide zum mahlen in die Mühle und mussten rechtzeitig mit ihrem Getreide dort ankommen, denn wer zuerst kam, wurde auch als erster bedient und wer zuletzt kam, musste eben warten, bis er an der Reihe war.
An der Börse ist es ebenso. Alle Angebote und Kaufgesuche werden in der Reihenfolge der eingehenden Meldungen abgearbeitet wobei nach dem gleichen Prinzip die besten Preise zuerst berücksichtigt werden.

Den letzten beißen die Hunde

Wie bei der Treibjagd mit Hunden, bei der die Hunde das langsamste Wild erwischen, während die schnellen entkommen, ist es auch an der Börse. Wer zuletzt kommt, muss warten und bleibt eventuell auf seinem Angebot oder seinem Kaufgesuch sitzen.

Angebote und Kaufgesuche

Als Ausgangssituation nehmen wir folgenden Börsenstand:

		Angebot	Kaufgesuch	
Preis je Tonne	1100,-	1000,-	980,-	970,-
Tonnen	100	5.000	8.000	4.000

Momentan werden 5.000 Tonnen Weizen zu einem Mindestpreis von 1000,- € je Tonne zum Kauf angeboten. Das ist derzeit das niedrigste Angebot.

Zugleich werden 8.000 Tonnen zu einem Höchstpreis von 980,- € je Tonne gesucht.

Fangen wir nun mit dem Verkäufer an.
Unser Verkäufer möchte 1000 Tonnen Weizen für mindestens 1100,- € je Tonne verkaufen. Er beauftragt nun die Börse, seinen Weizen zu einem Preis von 1000,- € je Tonne zu verkaufen. Sein Angebot wird nun nach dem Prinzip **„Wer zuerst kommt mahlt zuerst und der beste Preis wird zuerst angeboten"** eingeordnet.
Zu dem Preisangebot von 1100,- werden nun seine 1000 Tonnen hinzugefügt, sodass für 1100,- € jetzt 1.100 Tonnen angeboten werden. Das aktuelle Angebot beläuft sich aber immer noch auf 1000,-€.

		Angebot	Kaufgesuch	
Preis je Tonne	1100,-	1000,-	980,-	970,-
Tonnen	1100	5.000	8.000	4.000

Jetzt kommt ein Käufer, der 6.000 Tonnen zu einem Höchstpreis von 1100,- € kaufen möchte. Er ordert bei der Wettbörse 6000 Tonnen für maximal 1100,- € je Tonne.

Er muss nun warten, bis seine Order bearbeitet wird. Bis dahin kann sich der Markt bereits verändert haben und sieht dann eventuell so aus:

		Angebot	Kaufgesuch	
Preis je Tonne	1100,-	990,-	980,-	970,-
Tonnen	1100	4.000	8.000	4.000

Er erhält 4.000 Tonnen für 990,- € und 1100 Tonnen für 1100,- €. Es fehlen aber noch 900 Tonnen für maximal 1100,- €. Dafür wird nun ein Kaufgesuch erstellt und das sieht dann so aus:

Der Markt sieht nun so aus:

		Angebot	Kaufgesuch	
Preis je Tonne	1350,-	1300,-	1100,	980,-
Tonnen	12.000	40.0000	900	8.000

Ich habe es mehrere Male überprüft und ich hoffe, dass ich keinen Gedankendreher eingebaut habe.

Wir können die Arbeitsweise einer Börse nun mit ein paar Sätzen zusammenfassen.

1. **Wer zuerst kommt, mahlt zuerst.**
2. **Den letzten beißen die Hunde.**
3. **Es wird immer der beste Preis angeboten.**
4. **Angebote und Nachfragen gestalten die Preise. Nicht die Börse.**
5. **Erst mit einer Order zum Kauf oder zum Verkauf nimmt man am Handel teil.**

In diesen 4 Punkten ist alles enthalten, was Sie über eine Börse wissen müssen, und ich könnte eigentlich gleich zum Trading an der Wettbörse übergehen, aber dazu ist die Zeit noch nicht reif. Ich möchte erst einmal den Kopf freimachen von all dem, was sich zu diesem Thema dort eingenistet hat. Man bezeichnet gerne das, was man schon seit Jahren falsch macht, als seinen Erfahrungsschatz, auf dem man sogar noch die Zukunft aufbaut, obwohl es nur Glücksache war, dass es bisher nicht schief gegangen ist. Es ist nämlich nicht damit getan, vor dem Computer zu sitzen und darauf zu warten, dass endlich die Layquote gematched wird, da die ausgewählte Mannschaft gewinnen wird, weil der gegnerische Torhüter momentan wegen seiner gestrigen Scheidung leicht depressiv ist und deshalb wahrscheinlich ein Tor nach dem anderen nicht hält, zumal er heute als für seine Eitelkeit bekannte Person seine Schuhe nicht geputzt hat.

Sie lachen? Gehen Sie mal in die Sportwetten-Foren und schauen sich die Tipps der Experten an. Die beziehen solche Fakten in ihre Überlegungen mit ein und bezeichnen das als ihre erfolgreiche Strategie. Als Beweis nennen sie dann ein Spiel aus dem Jahre 1990, bei dem es mal geklappt hat.

Wer oder was gestaltet die Preise?

Angebot und Nachfrage

Die Preise ergeben sich aus den Angeboten und den Nachfragen. Übersteigen die Angebote die Nachfrage, bestimmen die Käufer den Preis, der einem Abwärtstrend unterliegt.
Können die Nachfragen nicht von den Angeboten gedeckt werden, überbieten sich die Käufer gegenseitig, damit sie noch etwas vom Kuchen abbekommen. Die Preise gehen in einen Aufwärtstrend.

Wer zu teuer verkaufen möchte oder zu unrealistisch niedrigen Preisen kaufen will, kann sich mit seiner Order das Büro tapezieren. Ein Geschäft wird er nicht machen, denn die Börse vermittelt immer nur zum derzeit besten Preis. Darum sollten sich die Angebote sowie auch die Nachfragen immer in einem realistischen Bereich bewegen.

So läuft es schon seit tausenden von Jahren und wird sich auch nicht ändern.

Der Trend

Abhängig von Angebot und Nachfrage und den daraus resultierenden Preisentwicklungen ergeben sich gewisse Trends. In einem Abwärtstrend sinken die Preise und in einem Aufwärtstrend steigen sie.
Um nun an der Börse erfolgreich zu sein, ist es wichtig, den Trend zu erkennen und richtig darauf zu reagieren. Wer den richtigen Trend nicht erkennen und daher auch nicht **folgerichtig** reagieren kann, sollte die Finger vom Börsengeschäft lassen. Damit meine ich auch die Wettbörse. Sie haben sich aber dafür entschieden, an der Wettbörse erfolgreich zu handeln und kommen somit nicht umhin, sich mein Geschreibsel zu Gemüte zu führen.

Verkaufen oder kaufen?

Der Trend bestimmt darüber, ob die Stunde des Verkäufers oder die des Käufers gekommen ist.
Als Käufer möchten Sie preiswert einkaufen und als Verkäufer möchten Sie einen guten Preis bekommen.

Der Abwärtstrend

In einem Abwärtstrend fallen die Preise, weil die Nachfragen zurückgehen. Die Produzenten sollten zu niedrigeren Preisen verkaufen, damit sie nicht auf Ihrem Weizen sitzen bleiben. Sie müssen eventuell mit Verlust verkaufen. Für den Endverbraucher ist es das Signal zum kaufen. Der Händler lässt die Finger davon, denn was nützen ihm 1000 Tonnen Weizen in seinem Vorgarten?

Der Aufwärtstrend

Bei einem Aufwärtstrend steigen die Preise, weil keine Angebote mehr eingehen und der Weizen knapp wird. Als Händler sollte man jetzt kaufen, um dann bei weiter steigenden Preisen mit Gewinn wieder zu verkaufen. Der Endverbraucher sollte kaufen, bevor der Weizen noch teurer wird.

Der Handel

So langsam nähern wir uns dem Thema dieses Buches, nämlich dem erfolgreichen Handel.
Beim handeln wollen wir kaufen und mit Gewinn wieder verkaufen. Das ist ganz einfach, wenn man die Regeln beherrscht. Man verkauft eine Ware, die man vorher gekauft hat, mit Gewinn zu einem höheren Preis. Die Differenz zwischen dem Einkaufs- und dem Verkaufspreis ist die Gewinnspanne und unser Verdienst.
Als Händler sind wir nicht am Verkauf oder Einkauf der Ware interessiert, sondern nur am günstigen Ankauf mit anschließendem pro-

fitablem Wiederverkauf, und damit das auch klappt, steigen wir in den aktuellen Trend ein.

Der Aufwärtstrend

Die Preise steigen und der Händler kauft. Wenn die Preise dann weiter steigen, verkauft er wieder zu dem jetzt höheren Preis und hat einen Gewinn gemacht.

Der Abwärtstrend

Die Preise fallen und der Händler verkauft seine vorher eingekaufte Ware nur, wenn ein Verlust droht und er diesen mindern will.

Zusammenfassung

Wir können nun das bisher gelernte folgendermaßen Zusammenfassen:

1. **Wer zuerst kommt, mahlt zuerst.**
2. **Den letzten beißen die Hunde.**
3. **Es wird immer der beste Preis angeboten.**
4. **Angebote und Nachfragen gestalten die Preise. Nicht die Börse.**
5. **Erst mit einer Order zum Kauf oder zum Verkauf nimmt man am Handel teil.**
6. **Erkenne den Trend und handle folgerichtig.**
7. **In einem Aufwärtstrend wird gekauft und im Abwärtstrend wird nur zur Schadensbegrenzung verkauft.**

Der richtige Trend

Angebot und Nachfrage bestimmen die Preise und die Preisänderungen unterliegen einem gewissen Trend. Somit wird der Trend letztendlich von den Angeboten und den Nachfragen bestimmt, und da liegt der Hase im Pfeffer, denn Anbieter sowie auch Käufer können durch mehr oder weniger geschicktes Vorgehen Einfluss auf den Trend nehmen. Manches Mal funktioniert es, aber oft geht das Ding auch in die Hose und damit sind wir beim Hauptthema.

Die Preise und der Trend

Die Preise sowie auch die Trends sagen wenig über die wirkliche Marktlage aus. Nur an der Börse georderte Aufträge nehmen am Handel teil. Bleiben wir mal bei unserem Weizen.

Beispiel
Die Nachfragen belaufen sich auf insgesamt 20.000 Tonnen. Der Verkäufer besitzt 20.000 Tonnen und könnte die Nachfrage leicht zu einem normalen Preis befriedigen. Er ist aber clever und bietet nur 5.000 Tonnen an. Somit ist der Weizen an der Börse Mangelware und die Preise steigen. Wenn die letzte Tonne verkauft ist und der Preis seinen Höchststand erreicht hat, bietet der Verkäufer weitere 10.000 Tonnen an. Die Preise sinken schlagartig stark ab, um dann aber wieder anzusteigen, wenn der Weizen wieder knapp wird. Und so geht es weiter, bis alle Nachfragen befriedigt wurden und der Weizen ausverkauft ist.
Dieses Vorgehen hat verschiedenartige Folgen, denn es gibt drei Händlerschichten. Die **„Wissenden"**, die **„Unwissenden"** und die **„Besserwisser"**.

Der „Wissende"

Er ist derjenige, der aus dem Börsenhandel langfristig gesehen als Gewinner hervorgeht. Er hält sich an die Regeln des Börsenhandels und hat dieses Buch gelesen. Er hat sich daher auf den Weizenhandel spezialisiert und weiß daher, dass noch mehr Weizen vorhanden ist und diese Preissteigerung nur vorübergehend ist. Er erkennt das auch an der angebotenen Menge. Er durchschaut das Manöver und wird somit gleich am Beginn des Aufwärtstrends zu einem noch niedrigen Preis kaufen, um dann später wieder mit Gewinn zu verkaufen. Das wird ihm auch früher oder später gelingen. Entweder in diesem Aufwärtstrend oder im nächsten Aufwärtstrend, der mit Sicherheit dem bevorstehenden Abwärtstrend folgen wird.

Der „Unwissende"

Der „Unwissende" kennt auch die Regeln, ist aber nicht mit den Eigenarten des Weizenhandels vertraut, weil er in allen Märkten herumspekuliert und auf aktuelle Trends setzt, ohne die Ursache dieses Trends zu erkennen. Er erkennt somit auch nicht den Grund des Preisanstiegs und läuft somit Gefahr, eine falsche Entscheidung treffen. Diese Unkenntnis macht ihn auf Dauer zum Verlierer.

Der „Besserwisser"

Das ist derjenige, der sich seine Regeln selber macht, die Regeln des Marktes und des Handels ignoriert, auf vermeintliches Insiderwissen baut und sich dann dieses Buch kauft, um endlich aus den Miesen herauszukommen.

Mehr Beispiele zum Börsenhandel möchte ich nicht bringen, denn ich glaube, dass Sie verstanden haben, worum es geht.

Fassen wir nun noch einmal zusammen:

1. **Wer zuerst kommt, mahlt zuerst.**
2. **Den letzten beißen die Hunde.**
3. **Es wird immer der beste Preis angeboten.**
4. **Angebote und Nachfragen gestalten die Preise. Nicht die Börse.**
5. **Erst mit einer Order zum Kauf oder zum Verkauf nimmt man am Handel teil.**
6. **Erkenne den Trend und handle folgerichtig.**
7. **In einem Aufwärtstrend wird gekauft und im Abwärtstrend wird verkauft.**
8. **Setze nur auf einen Trend, dessen Ursache auf Tatsachen beruht und nicht auf Vermutungen und Gerüchten.**
9. **Handel nur in Märkten, mit denen Du vertraut bist.**
10. **Halte Dich an die Regeln.**

Risiken und Nebenwirkungen

Bevor wir uns nun ganz der Wettbörse zuwenden können, müssen wir noch ein wichtiges Thema ansprechen und das dürfte das wichtigste Thema überhaupt sein. Das ist das Risiko, dass unser Weizen auf dem Transport zum Endverbraucher verloren geht oder Schaden nimmt. Das ist beim Warenhandel an der Börse kein Problem, denn dagegen kann man sich versichern.
Das Risiko besteht während der gesamten Dauer des Transportes bis zum Eintreffen im Zielhafen des Endverbrauchers. Träger des Risikos ist der jeweilige Eigentümer des Weizens, in unserem Falle also der Käufer. Während des Transports verändern sich mehr oder weniger häufig, bedingt durch den Börsenhandel, die Eigentumsverhältnisse. Der jeweilige Eigentümer trägt nun das Risiko solange, bis er den Weizen weiterverkauft hat. Für diese Zeit benötigt er eine Versicherung, die ihm den Schaden ersetzt, falls seinem Weizen etwas zustößt. Dazu muss er die Risikofaktoren kennen und die Wahrscheinlichkeit, dass ein Schaden tatsächlich eintritt, realistisch beurteilen.
Beginnen wir mit den Risiken, die den Transport gefährden können. Wir haben uns für den Seeweg entschieden und da wären dann Wind und Wetter die Hauptrisiken. In den afrikanischen Gewässern sind es die Piraten; in der Südsee kann man mit Privatyachten kollidieren usw. usw.
Für den Endverbraucher, der direkt beim Produzenten gekauft hat, besteht das Risiko während der gesamten Dauer des Transports. Hat er aber erst kurz vor erreichen des Zielhafens gekauft, trägt er nur das Risiko während der letzten Seemeilen.
Die Kosten für eine passende Versicherung richten sich nach der Versicherungssumme und dem Zeitraum, für den die Ware versichert werden soll. Hat also ein Händler 1000 Tonnen Weizen zum Preis von 1000,- € je Tonne gekauft und rechnet damit, diese innerhalb der nächsten vier Stunden verkaufen zu können, wird er eine Versicherung über 1.000.000,- € für einen Zeitraum von vier Stunden abschließen. Meint er jedoch, dass er für den Wiederverkauf acht Stunden braucht, muss er sich eben für acht Stunden versichern, was die Angelegenheit natürlich teurer macht.

Kurz und gut: Die Versicherung sollte maßgeschneidert sein und das Risiko auch wirklich abdecken.

Es soll sogar Leute geben, die dafür eine Hundehaftpflichtversicherung abschließen. Schließlich haben sie dann ja eine Versicherung. Sie lachen ja schon wieder. Dann gehen Sie doch noch einmal in ein Forum und lesen Sie nach, was manche Zeitgenossen dort als Rückversicherung bezeichnen.

Geschafft

Alles kapiert?

Wenn „JA" dann Kaffeepause

Sonst noch mal von vorn

Kapitel 2: Die Wettbörse

Die Unterschiede zur Börse

Die Handelsware

Allgemein wird das Trading an einer Wettbörse als Handel mit Wettquoten bezeichnet, wobei abgeschlossene Wetten mit Gewinn wiederverkauft werden können. Das entspricht nicht den Tatsachen, denn im Gegensatz zum Handel an einer normalen Börse werden an einer Wettbörse nur Wetten abgeschlossen. Sonst nichts.
Während an der Börse der Handel darin besteht, die Ware zu kaufen und dann teurer wieder zu verkaufen, ist das bei einer Wettbörse nicht möglich. Eine bereits angenommene Wette kann nicht wieder verkauft werden. Stattdessen muss eine zweite Wette als Gegenwette abgeschlossen werden und diese beiden Wetten müssen so aufeinander abgestimmt sein, dass sich in jedem Fall ein Gewinn ergibt. Einigen wir uns also der Einfachheit halber darauf, dass beim Trading die Wetten gekauft werden und dass man diese auch wieder verkaufen kann, und da es sich bei dem, was man am Ende der Wette erhält oder auch verliert, um Geld handelt, ist das Objekt des Handels nicht die Quote, sondern eben Geld.
Und es besteht noch ein Unterschied zum Weizenhandel. Weizen kann man nicht verkaufen, wenn man keinen besitzt. Man muss somit immer erst kaufen, bevor man mit Gewinn wieder verkaufen kann. Anders ist es an der Wettbörse, bei der jeder Teilnehmer über ein Konto verfügen muss. Will man an der Wettbörse eine Wette kaufen, muss das Konto ein entsprechendes Guthaben aufweisen. Der Verkäufer kann, ohne vorher gekauft zu haben, eine Wette zum Kauf anbieten, da er letztendlich Geld anbietet und sein Kontostand ein entsprechendes Guthaben aufweist. Er bietet damit sein eigenes Geld an.

Preis und Quote

Bei dem Preis ist ein Umdenken unumgänglich, denn an der Wettbörse gibt es keine Preise, sondern nur Quoten, welche jedoch indirekt den Preis darstellen und manches Mal auch als **Price** bezeichnet werden.
Zu jedem Preis gehört bekanntermaßen auch ein Produkt bzw. eine Ware, die ich für diesen Preis erwerbe. Ob es sich dabei um einen guten oder schlechten Preis handelt, ergibt sich aus der Qualität des Produktes. Sie würden ja auch kein Auto für 40.000 € kaufen, wenn Sie nicht wissen, um welche Art von Auto es sich handelt. Bei einem Golf wäre der Preis zu hoch und bei einem Ferrari wäre es ein Schnäppchen.
Somit ergibt sich der Preis aus dem, was man bezahlt und dem, was man dafür bekommt. Das, was man bezahlt, entspricht wiederum dem, was man riskiert, und das bedeutet für den Verkäufer etwas anderes als für den Käufer.

Nehmen wir als Beispiel mal eine Wette mit der Quote 3.0 und einem Einsatz von 100,- €.

Die Formel **(Quote -1)* Einsatz** ergibt für den Käufer den Gewinn und für den Verkäufer den Verlust.

Der Käufer erhält für 100,- € einen Gewinn von 200,- €.
Der Verkäufer erhält für 200,- € einen Gewinn von 100,- €.

Nehmen wir nun eine Wette mit einer Quote von 4.0 und einem Einsatz von ebenfalls 100,- €.

Der Käufer erhält nun für 100,- € einen Gewinn von 300,- €. Für ihn bedeutet somit eine höhere Quote einen niedrigeren Preis, denn er bekommt ja nun mehr für sein Geld.
Der Verkäufer muss nun 300,- € für einen Gewinn von 100,- € bezahlen (riskieren). Für ihn bedeutet die höhere Quote auch einen höheren Preis, denn er bekommt ja weniger für sein Geld.

Für den Käufer bedeutet demzufolge eine hohe Quote einen niedrigen Preis und
für den Verkäufer bedeutet eine hohe Quote einen hohen Preis.

In der Praxis bedeutet das:
Der Käufer kauft bei steigenden Preisen, bevor es noch teurer wird. Er kauft somit bei fallenden Quoten in einem Abwärtstrend.
Der Verkäufer verkauft ebenfalls bei steigenden Verkaufspreisen, somit also bei einem Aufwärtstrend mit steigenden Quoten.

Nachdem ich Ihnen nun die wahren Vorgänge und die wahren Hintergründe des Tradings erläutert habe, gehen wir für die Praxis einen Kompromiss ein und einigen uns auf folgende simple Beschreibung:

Beim Traden wird eine Wette mit einer hohen Backquote gekauft und mit einer niedrigeren Layquote wieder verkauft. Dabei ist es unerheblich, in welcher Reihenfolge dieses erfolgt, denn wirklich wichtig ist nur, dass die Layquote niedriger als die Backquote ist.

Regeln und Grundsätze

An der Wettbörse gelten die gleichen Grundsätze wie an einer normalen Börse, die da sind:

1. **Wer zuerst kommt, mahlt zuerst.**
2. **Den letzten beißen die Hunde.**
3. **Es wird immer der jeweils beste Preis angeboten.**
4. **Angebote und Nachfragen gestalten die Preise. Nicht die Börse.**
5. **Erst mit einer Order zum Kauf oder zum Verkauf nimmt man am Handel teil.**
6. **Erkenne den Trend und handle folgerichtig.**
7. **In einem <u>Abwärtstrend</u> wird gekauft und im <u>Aufwärtstrend</u> wird verkauft.**
8. **Setze nur auf einen Trend, dessen Ursache auf Tatsachen beruht und nicht auf Vermutungen und Gerüchten.**
9. **Handle nur in Märkten, mit denen Du vertraut bist.**
10. **Halte Dich an die Regeln.**

Sie sind ein Unternehmer

Einen Gewinn erzielt man, langfristig gesehen, wenn man relativ häufig gewinnt und nie bzw. relativ selten verliert. Das wiederum erfordert unternehmerisches Denken und macht sie somit zu einem Unternehmer, der an der Wettbörse handelt.
Die Regeln der Wettbörse kennen Sie bereits, aber das macht Sie noch lange nicht zu einem **erfolgreichen** Unternehmer.

Das Unternehmen

Jedes Unternehmen, sei es ein großer Ölkonzern oder Sie als Einzelunternehmen hat nur ein Ziel: Den Profit.
Der Ölkonzern ist seinen Aktionären verpflichtet und Sie sind es im eigenen Interesse oder im Interesse ihrer Familie. Wenn Sie mit Ihrem Geld anderen etwas Gutes tun wollen, weil Sie sozial eingestellt sind, tun Sie es. Aber nicht mit dem Geld der Firma, denn die ist kein Wohlfahrtsinstitut und Geld wird nur ausgegeben, wenn es Gewinn bringt.
Als Einzelunternehmer haben Sie nun den Vorteil, alles selber entscheiden zu können, welches aber auch den Nachteil enthält, alles selber entscheiden zu **müssen**.
Wenn Sie mit Ihrem Unternehmen nicht baden gehen wollen, kommen Sie nicht umhin, sich entsprechendes Wissen anzueignen denn die folgend beschriebenen Tätigkeiten sind allein Ihre Aufgabe.

1. Auswahl des Marktes
2. Die Auswahl anhand des Spielstandes und des aktuellen Trends bestimmen.
3. Ermitteln der Risiken.
4. Entscheidung für oder gegen die Wette.
5. Berechnen der Einsätze
6. Abschicken der Wette

Kapitel 3: Was man wissen sollte

Die Quotenschritte

Alle getätigten Wetten müssen in **akzeptablen** Quotenschritten platziert werden. Dadurch wird eine gewisse Marktdisziplin gewährleistet. Wenn Sie beispielsweise ein Angebot im System abgeben möchten, können Sie die aktuelle Quote nur in folgenden Schritten oder einem Vielfachen dieser Schritte ändern.

Von	Bis	Schritt
1	2	0.01
2.02	3	0.02
3.05	4	0.05
4.1	6	0.1
6.2	10	0.2
10.5	20	0.5
21	30	1
32	50	2
55	100	5
110	1000	10
1000+	nicht zulässig	

Beispiele:

1.99	2.98	3.95	5.9	9.8	19.5
2.0	**3.0**	**4.0**	**6.0**	**10.0**	**20.0**
2.02	3.05	4.1	6.2	10.5	21.0
2.04	3.1	4.2	6.4	11.0	22.0
usw.	usw.	usw.	usw.	usw.	usw.

29.0	48.0	95.0
30.0	**50.0**	**100.0**
32.0	55.0	110.0
usw.	usw.	usw.

Die Gewichtung des Geldes

100.6%			BACK	LAY			99.9%
2.66		2.7	2.74	2.76	2.78		2.8
€601		€107	€546	€148	€59		€70

Unter jeder Quote steht der Betrag, mit dem diese Quote angeboten wird. Addiert man die Beträge der Backquoten als auch die Beträge der Layquoten, ergibt sich eine Differenz zwischen den Seiten. Entweder ist die Backsumme größer als die Laysumme bzw. umgekehrt. In dem dargestellten Beispiel ergeben sich folgende Summen:

Backsumme: 601 + 107 + 546 = 1254
Laysumme: 148 + 59 + 70 = 277

Die größere Summe, geteilt durch die kleinere Summe, ergibt das Verhältnis der beiden Summen zueinander.

Das Verhältnis beträgt in diesem Fall 1254 : 277 = 4,5
Auf der Backseite wird somit 4,5-mal mehr angeboten als auf der Layseite.
Erinnern wir uns daran, dass angebotene Quoten offene Wetten anderer Teilnehmer sind.
Offene Backwetten werden als Laywetten angeboten und offene Laywetten als Backwetten.
Wird nun auf der Layseite mehr als auf Backseite angeboten, hat die Mehrheit der Teilnehmer auf das Eintreten des Ereignisses gesetzt.
Umgekehrt werden wie in unserem Beispiel mehr Summen auf der Backseite angeboten, weil die meisten Teilnehmer gegen das Eintreffen des Ereignisses gewettet haben.

Das bedeutet jedoch nicht, dass hier ein Aufwärtstrend vorliegt, obwohl es den Anschein hat, denn erst wenn sich die angebotenen Beträge verändern, zeigt sich ein scheinbarer Trend, der eine Entscheidungshilfe sein kann.

Der Buchwert %

Der oberhalb des Marktes angezeigte Buchwert gibt Ihnen einen Eindruck von der Realität der Quoten, die in diesem Markt angeboten werden. Er wird berechnet, indem die jeweilige Wahrscheinlichkeit jeder Auswahl, basierend auf der angebotenen Quote, addiert wird. Das klingt sehr kompliziert, aber Sie müssen sich das auch nicht merken
Der Buchwert gibt an, zu wieviel Prozent die Quoten der Wahrscheinlichkeit entsprechen und sollte daher logischerweise nahe bei 100 % liegen. Bei der Backwette liegt er normalerweise über und bei der Laywette unter 100%. Diesen Normalzustand bezeichnet man als **Overround.**

100.8%			BACK	WoM	LAY		99.9%
2.68 €139	2.7 €972	2.72 €513	16.08 €1523	2.74 €7	2.76 €3	2.78 €91
2.76 €29	2.8 €12	2.82 €6	6.43 -€255	2.84 €9	2.86 €211	2.88 €82
3.4 €577	3.45 €548	3.5 €464	3,4 -€3816	3.55 €1663	3.6 €2124	3.65 €1618

Sinkt jedoch der Back-Buchwert unter 100 % bzw. steigt der Lay-Buchwert über 100 %, so kommt es zu einem **Overbroke**.
Dieser **Overbroke** ist eine vorübergehende Anomalie im Wettmarkt, die nicht lange anhält. Während dieser Zeit ist es theoretisch möglich, mit entsprechenden Einsätzen auf alle Ereignisse des Marktes (Back oder Lay) zu setzen und in jedem Fall zu gewinnen. Diese Art zu wetten nennt man **Dutching – Bet oder Multiback – Bet,** welche aber nicht Thema dieses Buches sind.

Die Berechnung der Einsätze

Die Smart-Bet-Formel

Die Einsätze werden so berechnet, dass sich, unabhängig vom Ausgang der Begegnung, in jedem Fall der gleiche Gewinn oder Verlust, ergibt. Die Formel dafür ist:

$$\frac{\text{Quote der ersten Wette} \times \text{Einsatz}}{\text{Quote der Gegenwette}}$$

Diese Formel gilt sowohl für die Back-Lay-Wette als auch für die Lay-Back-Wette.

Die Back-Lay-Wette

	Quote	Einsatz	Back gewinnt	Lay gewinnt
Back	3,50	100,00	250,00	-100,00
Lay	2,00	175,00	-175,00	175,00
Gewinn / Verlust			75,00	75,00
Provision			-3,75	-3,75
Netto			71,25	71,25

Eine Backwette wird mit einem Einsatz von 100,- Euro auf eine Quote von 3.5 platziert.
Als Gegenwette soll eine Laywette mit der Quote 2.0 platziert werden.
Der Einsatz für die Layquote beträgt dann 175,- Euro. (**100 x 3.5 / 2**)

Wird nun die Backwette gewonnen, beträgt der Gewinn 250,- Euro. Zieht man davon den Verlust aus der Laywette (175,- Euro) ab, verbleibt ein Reingewinn von 75,- Euro.

Wird jedoch die Laywette gewonnen, ergibt sich ein Gewinn von 175,- Euro. Abzüglich des Verlustes aus der Backwette (100,- Euro) verbleibt auch in diesem Fall ein Reingewinn von 75,- Euro. Nach dem Abzug der Provision von 5% verbleiben dann 71,25 Euro.

Die Lay-Back-Wette

	Quote	Einsatz	Back gewinnt	Lay gewinnt
Lay	2,50	100,00	-150,00	100,00
Back	5,00	50,00	200,00	-50,00
		Gewinn/Verlust	50,00	50,00
		Provision	-2,50	-2,50
		Netto	47,50	47,50

Die Laywette wird mit einem Einsatz von 100,- Euro auf eine Quote von 2.5 platziert.
Als Gegenwette soll eine Backwette mit der Quote 5.0 platziert werden.
Nach der Smart-Bet-Formel **100 x 2.5 / 5** ergibt sich ein Einsatz von 50,- Euro.

Wird nun die Backwette gewonnen, beträgt der Gewinn 200,- Euro. Zieht man davon den Verlust aus der Laywette (150,- Euro) ab, verbleibt ein Reingewinn von 50,- Euro.

Wird jedoch die Laywette gewonnen, ergibt sich ein Gewinn von 100,- Euro. Abzüglich des Verlustes aus der Backwette (50,- Euro) verbleibt auch in diesem Fall ein Reingewinn von 50,- Euro. Nach Abzug der Provision von 5% verbleiben 47,50 Euro.

Das Moneymanagement

Als Trader benötigen Sie kein besonders ausgefeiltes Moneymanagement, weil die Wahrscheinlichkeiten für den Ausgang eines Ereignisses, die die Grundlage für ein Moneymanagement bilden, für den Trader von untergeordneter Bedeutung sind. Als Trader bestimmen Sie mit dem Einsatz das Risiko und das ist eigentlich schon alles. Für den Anfang sollte man für jede Wette nicht mehr als 1/10 des Gesamtkapitals riskieren, damit man auch mal ein paar aufeinander folgende Verluste verkraften kann, ohne gleich den Bankrott anmelden zu müssen. Das gilt auch für die so genannten Sure-Bets, denn auch diese enthalten Risiken.

Point of equal Time (PET) – Punkt gleicher Zeit

Dieser Begriff stammt unter anderem aus der Luftfahrt und bedeutet nichts anderes, als dass es auf einem Flug von A nach B einen Punkt auf der Route gibt, an dem es, bezogen auf die Flugzeit, egal ist, ob man weiterfliegt oder ob man zurückfliegt. Die Flugzeit ist in beiden Fällen die gleiche. Die Berechnung des PET ist für jeden Flug Pflicht, da er der Sicherheit dient und muss auch während des Fluges aktualisiert werden, denn Änderungen wie Windverhältnisse oder technische Probleme können eine Neuberechnung des PET erforderlich machen.

Auch im Wettgeschehen gibt es einen Punkt, der dem PET gleichzusetzen ist. Das ist der Zeitpunkt in einer Begegnung, bis zu dem das Ergebnis noch offen ist. Danach gibt es kein Zurück mehr. Allerdings sind bei den Wetten nicht alle Parameter für die Berechnung des PET bekannt, sodass man sich hier mit Schätzungen behelfen muss, welche allerdings weitestgehend den Realitäten entsprechen sollten.

Time for a Goal (TFG) – Zeit für ein Tor

Wenn wir mal davon ausgehen, dass innerhalb von 5 Minuten ein Tor fallen kann, dann wäre die TFG = 5 Minuten
Sollten Sie der Ansicht sein, dass innerhalb von 2 Minuten ein Tor fallen kann, dann ist die TFG = 2 Minuten.

Für unser Beispiel wählen wir die Wette „weniger als 4,5 Tore" und einem TFG von 5 Minuten.

Time without Risk (TWR) – Zeit ohne Risiko

Bei einem Spielstand von 0 Toren fehlen noch 5 Tore, um die Wette zu verlieren. Diese 5 Tore können somit noch in den letzten 25 Minuten der Spielzeit fallen. (TFG x Anzahl der Tore).
Bei einer Spielzeit von 90 Minuten (ohne Nachspielzeit) wäre dann der PET die 65. Spielminute.
Bei einer TFG von 2 Minuten ergäbe sich eine TWR von 10 Minuten und der PET läge dann bei der 80. Spielminute.

Wird der PET überschritten, wird er zum Point of no Return (Punkt ohne Wiederkehr), das bedeutet, dass von diesem Moment an keine 5 Tore mehr fallen können. (Rein theoretisch). Eine Backwette auf „unter 4,5 Tore" Sie aber nicht mehr platzieren, weil zu diesem Zeitpunkt mit allerhöchster Wahrscheinlichkeit keine Backquoten mehr angeboten werden. (Ausnahmen bestätigen allerdings auch hier die Regel)

Der gefühlte PET

So, wie es in der Wettervorhersage eine gefühlte Temperatur gibt, existiert beim Wetten der gefühlte PET. Das ist der Punkt, an dem die Teilnehmer, die noch Laywetten abgeben, immer mehr einsehen, dass sie wahrscheinlich keinen Erfolg damit haben werden. Sie tendieren nun immer mehr zur Backwette, obwohl der PET noch nicht erreicht ist.
Bei einer Backwette im Abwärtstrend geht es von nun an wirklich abwärts.
Dieser Punkt ist dann der gefühlte PET und liegt somit vor dem echten PET.
Diese Abwärtsbewegung geht aber vorerst nur bis zur Backquote 1.01, welche bekanntermaßen die niedrigste Quote darstellt.
Um das zu verstehen, sehen wir uns doch einmal an, wie der Markt auf dieses Angebot reagiert.
Für den Trader ist es uninteressant, weil er mit einer Gegenwette von ebenfalls 1.0 keinen Gewinn erzielen kann. Er wird somit keinen Gebrauch von diesem Angebot machen.

Es gibt aber noch viele, die jetzt noch Laywetten auf die Quote 1.01 setzen, weil sie darauf hoffen, mit einem geringen Risiko einen hohen Gewinn einfahren zu können, falls doch noch 5 Tore fallen. Diese Laywetten erhöhen dann die Summe der Back-Angebote, wobei es auch schon mal dazu kommen kann, dass kurzfristig noch einmal höhere Quoten angeboten werden.

Der normale Teilnehmer, der auf einen Ausgang wettet und dann das Spielergebnis abwartet, hat bereits seine hohe Backquote nach hause geholt und ist auch nicht interessiert.
Es sind nur noch diejenigen da, die darauf warten, im letzten Moment noch die Quote 1.01 backen zu können und das ist dann der Fall, wenn keine Laywetten gesetzt werden. Das ist dann der reale PET und es kann nur noch weiter abwärts gehen (im positiven Sinne), denn nun können wirklich keine 5 Tore mehr fallen. Ob dann alle Einschätzungen richtig waren, erweist sich dann am Ende der Begegnung.
Sollte dann zwischenzeitlich ein Tor fallen, sind die Berechnungen erneut durchzuführen.

Kapitel 4: Das einfache Trading

Das einfache Trading an einer Wettbörse ist das platzieren von zwei Wetten.

Mit der Backwette wird auf das Eintreten eines Ereignisses gewettet und mit der Laywette auf das Gegenteil. Dass eine der beiden Wetten verloren geht, ist dabei selbstverständlich und auch einkalkuliert. Dass man eventuell einen Verlust einfährt, ist auch möglich, aber dem kann man mit einer einfachen Schadensbegrenzung begegnen und auch das ist mehr oder weniger (je nach Risikobereitschaft) einkalkuliert.

Der geeignete Markt

Zum traden ist grundsätzlich jeder Markt geeignet, aber jeder Markt hat auch seine eigenen spezifischen Risiken. Beim Tennis ist beispielsweise ein Spiel beendet, wenn einer der Kontrahenten gewonnen hat, wohingegen ein Fußballspiel dann endet, wenn die vorgegebene Spielzeit abgelaufen ist. Diese Punkte spielen bei der Beurteilung des Marktes bzw. einer Wette eine erhebliche Rolle. Welches nun der ideale Markt ist, kann und will ich nicht verbindlich festlegen, aber ich werde Ihnen das Rüstzeug geben, mit dem Sie selber den für Sie idealen Markt ermitteln können.
Eines sollten Sie jedoch beherzigen:
Wetten Sie nie auf eine Sportart, von der Sie keine Ahnung haben. Gewisse Grundkenntnisse sind schon erforderlich, um die vorhandenen Risiken abschätzen zu können und je mehr Sie über eine Sportart wissen, desto größer sind die Chancen auf erfolgreiche Wetten. So genanntes Insiderwissen hat allerdings nichts mit der jeweiligen Sportart zu tun und sollte, wenn überhaupt, nur mit großem Vorbehalt berücksichtigt werden.

Ohne Bewegung kein Trading

Durch Angebot und Nachfrage ändern sich immer wieder die Quoten und diese Veränderungen bzw. Bewegungen stellen die wichtigsten Faktoren des Tradings dar. Erst durch diese Veränderungen ist ein Handel überhaupt erst möglich. Mit der richtigen Einschätzung dieser Bewegungen und deren Auswirkungen haben wir für ein erfolgreiches Trading vorneweg schon mal die halbe Miete. Der Rest ist dann eigentlich, wenn nichts dazwischenkommt, ein Kinderspiel.
Eine Fehleinschätzung führt in den meisten Fällen jedoch zum Verlust und darum kauen wir dieses Thema jetzt solange durch, bis es richtig verdaut worden ist.

Halten Sie sich immer vor Augen, dass es Ihnen als Trader völlig egal sein soll, wie ein Ereignis letztendlich ausgeht. Für Sie ist nur wichtig, dass Sie auf den richtigen Trend setzen, der lange genug anhält, um die passende Gegenwette erfolgreich durchzubringen.

Was sagen uns die Quoten über den Trend?

Die Quoten besagen für den Trader eigentlich nichts. Sie geben lediglich wieder, wie andere Teilnehmer die momentane Situation einschätzen, und diese Einschätzung ist weder realistisch noch hat sie irgendetwas mit dem gegenwärtigen Spielstand zu tun. Ein Teilnehmer backt den Außenseiter, weil er auf einen hohen Gewinn im Falle des Sieges hofft; der andere wettet prinzipiell immer auf „Unentschieden", weil das eben seine Strategie ist; wieder ein anderer wettet auf Grund seines vermeintlichen Insiderwissens sowie Empfehlungen aus Fachzeitschriften oder teuren „Newsletter Tipps". Auch die daraus resultierenden Bewegungen bzw. Veränderungen besagen nicht viel. Die manchmal erkennbaren Trends in die eine oder andere Richtung sind trügerisch und halten auch nicht lange an. Es gibt Teilnehmer, die auf diese kurzen Trends aufspringen, ein Stück mitfahren und dann versuchen, rechtzeitig wieder abzuspringen. Dieses Vorgehen birgt enorme Risiken und wir lassen vorerst die Finger davon.

Der Idealfall wäre ein zuverlässiger und eindeutiger Trend, der durch nichts unterbrochen werden kann, aber den gibt es leider nicht. Wenn es den gäbe, wäre das Wetten ein Kinderspiel und wir wären alle Millionäre. Unser Ziel ist aber, dem idealen Trend so nahe wie möglich nahe zu kommen.
Bewegen sich die Quoten abwärts, sprechen wir von einem Abwärtstrend und bei steigenden Quoten von einem Aufwärtstrend. Dabei unterscheiden wir zwischen dem Inplay-Trend und dem Preplay-Trend.

Der Preplay-Trend

Das ist der Trend, der sich aus den Quotenbewegungen ergibt, bevor das Sportereignis gestartet wird. Diese Trends entbehren normalerweise jeglicher realistischen Grundlage und spiegeln nur wieder, wie der Markt im Allgemeinen eingeschätzt wird. Ein derartiger Trend kann jederzeit ohne erkennbaren Grund umschlagen, sodass plötzlich aus einem Abwärtstrend ein Aufwärtstrend wird oder auch umgekehrt.

Der Inplay-Trend

Trends, die sich während des Events (Inplay) ergeben, unterliegen ganz anderen Bedingungen als die Trends vor dem Spiel.
Wie sich ein Trend darstellt, hängt ganz von der jeweiligen Sportart ab, die wir in zwei Kategorien einteilen können.

1. Die **zeitlich begrenzten** Sportarten sind alle Sportarten, für die eine bestimmte Spieldauer vorgegeben wird und das Ende des Events anhand der Restspieldauer absehbar ist. Ein Beispiel ist der Fußballsport mit den beiden Halbzeiten von jeweils 45 Minuten.

2. Die **zeitlich unbegrenzten** Sportarten sind die Sportarten, für die keine Spieldauer vorgegeben wird, sondern die erst beendet sind, wenn ein bestimmtes Ergebnis erreicht worden ist. Als Beispiel haben wir hier den Tennissport, bei dem

die Begegnung erst beendet ist, wenn der Sieger feststeht. Auch wenn es fünf Stunden dauert.

Der zeitlich begrenzte Trend

Bleiben wir beim Fußball und schauen uns mal die einfache Siegwette an. Dieser Markt bietet drei Möglichkeiten, auf den Ausgang des Spieles zu wetten.

1. Auf den Sieg der Mannschaft A
2. Auf den Sieg der Mannschaft B
3. Auf ein Unentschieden

Abhängig vom Spielstand hat jede Auswahl einen bestimmten Trend, der bis zum Ende der Spielzeit anhält, **wenn nichts dazwischen kommt.**

Eine Auswahl, die dem gegenwärtigen Spielstand entspricht, befindet sich grundsätzlich in einem Abwärtstrend.

Eine Auswahl, die **nicht** dem gegenwärtigen Spielstand entspricht, befindet sich grundsätzlich in einem Aufwärtstrend.

Beispiele für einen Abwärtstrend

1. **Der aktuelle Spielstand ist ein Unentschieden.** Die Chance, dass sich dieser Zustand ändert, wird mit jeder Minute, mit der sich das Spiel dem Ende der Begegnung nähert, geringer und die Quote wird daher sinken und am Ende der Spielzeit den geringsten Wert haben. Die Auswahl befindet sich somit im Abwärtstrend. Die beiden anderen befinden sich im Aufwärtstrend. **Wenn nichts dazwischen kommt.**

2. **Eine Mannschaft liegt in Führung** und befindet sich im Abwärtstrend, denn die Quoten bewegen sich in Richtung 1.01, solange die Mannschaft die Führung behält. Die andere Mannschaft sowie das Unentschieden befinden sich im

Aufwärtstrend, denn eine Änderung des Spielstandes wird mit fortschreitender Zeit immer unwahrscheinlicher. **Wenn nichts dazwischen kommt.**

3. Eine Mannschaft führt mit einem Tor und befindet sich im Abwärtstrend. **Und nun kommt etwas dazwischen.** Es fällt ein Tor zum Ausgleich. Sofort geht das Unentschieden in den Abwärtstrend und die beiden Mannschaften in den Aufwärtstrend.

4. Eine Mannschaft führt mit zwei Toren und befindet sich im Abwärtstrend. Wenn nun ein Gegentor fällt, steigt die Quote zwar an, geht aber sofort wieder in den Abwärtstrend über, da die Mannschaft weiterhin führt. Die Quoten der beiden anderen Auswahlen sinken und gehen dann wieder in den Aufwärtstrend über.

5. Eine Mannschaft führt, liegt im Abwärtstrend und baut die Führung um ein weiteres Tor aus. Die Quote fällt und setzt dann den Abwärtstrend fort. Die Quoten der beiden anderen steigen und setzen dann den Aufwärtstrend fort.

6. Die Auswahl „**Weniger** als 4,5 Tore" befindet sich im Abwärtstrend, solange das 5. Tor nicht gefallen ist.

Beispiele für einen Aufwärtstrend

1. Die Auswahl „**Mehr** als 4,5 Tore" befindet sich im Aufwärtstrend, solange das 5. Tor nicht gefallen ist, denn mit fortschreitender Zeit wird es immer unwahrscheinlicher, dass das 5. Tor fällt.

2. Die Quoten der zurückliegenden Mannschaft befinden sich im Aufwärtstrend, denn je mehr sich das Spiel dem Ende nähert, desto geringer ist die Wahrscheinlichkeit auf einen Sieg dieser Mannschaft.

Der zeitlich unbegrenzte Trend

Zeitlich nicht begrenzte Sportarten sind Pferderennen, Hunderennen, Motorsport, Beach-Volleyball, Volleyball, Tennis usw. Der Wettkampf ist immer erst beendet, wenn einer der beiden Kontrahenten gesiegt hat. Somit entsteht durch die fortschreitende Zeit kein Trend, da das Ende der Begegnung zeitlich nicht bekannt ist. Erst wenn der Spielverlauf erkennen lässt, dass eine der Parteien die Begegnung gewinnen wird, ergibt sich zwar ein Abwärtstrend, der sich jedoch jederzeit umkehren kann.

Ein Beispiel aus dem Tennissport
Der Favorit hat den 1. Satz gewonnen und liegt im 2. Satz mit 5:2 vor und die Quote ist sehr weit unten. Es kommt aber nicht, wie erwartet, zum 6:2, sondern das Blatt wendet sich und es geht in den 3. Satz. Es ist also wieder alles offen und die Quoten steigen.
Unter diesen Bedingungen einen brauchbaren Trend zu finden, ist äußerst schwer und man sollte in diesen Märkten nur wetten, wenn man sich in der jeweiligen Sportart wirklich gut auskennt.

Der schnelle und zuverlässige Trend

Zeit ist für das Trading ein sehr wichtiger Faktor, der über alles entscheiden kann. Daher ist es wichtig, dass nach dem platzieren der ersten Wette die Gegenwette so bald wie möglich angenommen wird, **bevor etwas dazwischen kommt**. Aus diesem Grunde soll die Gegenwette platziert werden, sowie die erste Wette angenommen wird. Dann steht sie als offene Wette in der Warteschlange bereits weit oben. Es macht keinen Sinn, darauf zu warten, bis die Quote der Gegenwette angeboten wird, denn es kann eventuell sehr lange dauern, bis das passiert und in der Zeit kann sich das Spielgeschehen jederzeit ändern.

Werden Kenntnisse über die Sportart vorausgesetzt?

Jeder Event hat seine eigenen Märkte, aber es würde zu weit führen, auf jeden dieser Märkte einzugehen. Bleiben wir beim Fußball; der Sportart, bei der ich mit einem umfangreichen Halbwissen aufwarten kann. Zum Traden muss ich nur folgendes wissen:

1. Es gibt zwei Halbzeiten von jeweils 45 Minuten, die jeweils um eine Nachspielzeit verlängert werden können.
2. Wer die meisten Tore erzielt, ist der Sieger.
3. Wer die wenigsten Tore erzielt, ist der Verlierer.
4. Ergibt sich ein Unentschieden, hat niemand gewonnen.
5. Jede Auswahl hat ihren vom Spielstand vorgegebenen unabänderlichen Trend.

Kapitel 5: Die Trends und ihre Risiken

Die beschriebenen Trends unterliegen verschiedenen Risiken und haben daher auch unterschiedliche Vor- und Nachteile.

Der Preplay-Trend

Der Nachteil ist hierbei, dass ein eindeutiger Trend, der mit Sicherheit ausreichend lange anhält, schwer zu erkennen ist. Die Quoten mit den daraus resultierenden Trends geben nur wieder, wie der Markt zum jeweiligen Zeitpunkt eingeschätzt wird, und das besagt nichts, denn selbst wenn ein eindeutiger Favorit zu erkennen ist, lässt sich daraus noch lange keine Preisentwicklung für diesen Favoriten erkennen, denn es existiert noch kein aktueller Spielstand.
Oder doch? – Es gibt einen aktuellen Stand. Bei jeder Sportart steht es zu diesem Zeitpunkt 0:0. Bei den Ballsportarten ist noch kein Tor gefallen, beim Tennis wurde kein Aufschlag gewonnen bzw. verloren und die Boxer haben sich außer mit dem Austausch von Beleidigungen noch kein Leid zugefügt. Beim Fußball könnte man nun davon ausgehen, dass die Backwette nach dem Anpfiff in einen Abwärtstrend übergeht, wobei man dann Inplay die Wette abschließen könnt. Dann kommt es nur noch darauf an, vor dem Inplay eine höhere Backquote zu bekommen als nach dem Anpfiff. Und da liegt der Hase im Pfeffer, denn wie erkennt man beim Preplay, dass die Backquote nach der Platzierung der Wette nicht noch weiter steigen wird?

Die Grafik stellt den Preplay-Trend für einen Favoriten dar und es ist klar ersichtlich, dass sich kein zuverlässiger Trend abzeichnet. Es ist zwar zu erkennen, dass ein paar Möglichkeiten bestanden, aber die sind nicht im Voraus zu erkennen.
Es ist also wenig empfehlenswert, auf diese Trends zu traden oder zu versuchen, eine gute Quote für ein anschließendes Inplay zu erhalten.
Allerdings hat die Sache auch einen Vorteil. Weil die Quotenschwankungen sich in einem relativ kleinen Bereich bewegen, ist nicht nur der eventuell erzielte Gewinn relativ gering, sondern auch die Höhe eines möglichen Verlustes, wobei ja noch die Möglichkeit besteht, zum Beginn des Inplay die noch offene Wette in den Inplay-Modus zu übernehmen. Da der Inplay Modus mit einem unentschiedenen Spielstand beginnt, macht das jedoch nur einen Sinn, wenn man vorher auch auf diesen Spielstand gesetzt hat.
Ein weiterer Vorteil ist der, dass kein unerwünschtes Ereignis zu einem Totalverlust führen kann und die Quotenänderungen relativ einfach zu verfolgen sind, sodass eine Schadensbegrenzung mit einem geringen Verlust möglich ist.
Allerdings gibt es bekanntlich keine Regel ohne Ausnahmen, denn es gibt auch klare Trends beim Preplay, auf die ich aber jetzt noch nicht eingehen möchte, da es doch einiger Erfahrung bedarf und auch weitergehendes Wissen bezüglich der jeweiligen Sportart voraussetzt. Ich werde in einem der folgenden Kapitel darauf zurückkommen.

Vorsicht

Das Trading ist keine von der Wettbörse unterstützte Wettart, sondern eine individuelle Vorgehensweise, was wiederum bedeutet, dass es nur Einzelwetten gibt, die, wenn sie einmal angenommen worden sind, nicht wieder storniert werden können. Wenn Sie also die erste Wette vor dem Inplay platziert haben und der Inplay-Markt nicht geöffnet wird, haben Sie keine Gelegenheit, die Gegenwette zu platzieren. Sie können dann nur darauf hoffen, dass Sie die angenommene Wette nicht verlieren. Eine Stornierung seitens der Wettbörse erfolgt nur, wenn der Event ausgefallen ist und somit kein Ergebnis vorliegt.

Daher ist es nicht empfehlenswert, die erste Wette vor dem Inplay zu setzen, um die Wette dann während der Begegnung zu beenden.

Der zeitlich begrenzte Inplay Trend

Betrachten wir nun einmal die Kurve eines Abwärtstrends der Auswahl „Weniger als 3,5 Tore" an.

Am Beginn des Spieles ist noch kein Tor gefallen, die Backquote steht bei 1.65 und geht in den Abwärtstrend. Dieser würde, wenn kein Tor fällt, bei 1.01 enden.
Das erste Tor fällt bei einer Quote von 1.4 und diese steigt sofort auf ca. 2.0, um dann wieder in den Abwärtstrend überzugehen.
Dann fällt bei einer Quote von 1.6 das zweite Tor, die Quote steigt auf 2.5 und es folgt wieder der Abwärtstrend.
Gegen Ende der Begegnung fällt dann das dritte Tor bei einer Quote von 1.55, welche dann auf ca. 2.8 steigt. Danach fällt die Quote noch einmal schnell ab und das Spiel endet bei einer Quote von 2.2, bevor das vierte Tor fällt.
Was können wir nun an dieser Kurve erkennen?

Wir sehen, dass der Abwärtstrend solange anhält, bis ein Tor fällt. Unmittelbar nach einem Tor steigt die Quote, um dann wieder in den Abwärtstrend überzugehen, bis ein weiteres Tor fällt.

Der Vorteil liegt also darin, dass der Trend klar und eindeutig ist.
Der Nachteil ist, dass ein Tor die gesamte Wette gefährden kann, und wann dieses Tor fällt oder ob überhaupt eines fällt, weiß man nicht.

Der zeitlich nicht begrenzte Inplay Trend

Diese Trends sind meines Erachtens die kompliziertesten, denn sie vereinen die Einschätzung des Marktes wie im Preplay Trend mit dem jeweiligen Spielstand und dem voraussichtlichen Spielverlauf. Um hier erfolgreich traden zu können, bedarf es sehr viel Erfahrung und ausreichender Kenntnis in der jeweiligen Sportart. Einerseits muss man wissen, bei welchem Spielstand eine Begegnung beendet ist, und andererseits, und das ist das wichtigste, muss man wissen, wann sich die Quoten ändern **können**.
Bei welchem Spielstand die Begegnung beendet ist, kann man den Spielregeln entnehmen, aber wann sich die Quoten so **ändern können**, damit sich ein klarer Trend ergibt, ist eine Sache für sich. Um dieses richtig einschätzen zu können, muss man sich in der jeweiligen Sportart gut auskennen, denn die Kriterien dafür sind von Sportart zu Sportart unterschiedlich.

Kapitel 6: Trading mit dem Trend

Die klassische Art des Tradings ist das platzieren einer Wette auf den aktuellen Trend mit einer darauf folgenden Gegenwette und einem daraus resultierenden Gewinn.
Entweder wird eine Backwette auf einen Abwärtstrend gesetzt und mit einer Laywette als Gegenwette beendet (Back-Lay-Wette) oder eine Laywette wird auf einen Aufwärtstrend gesetzt und mit einer Backwette abgeschlossen (Lay-Back-Wette).
Ist dabei die Layquote niedriger als die Backquote, wird ein Gewinn erzielt. Andernfalls entsteht ein Verlust.
Beide Wetten werden innerhalb des gleichen Marktes auf ein und dieselbe Auswahl gesetzt.

Beispiel:
Fußball: Bayern – Frankfurt
Wenn die erste Wette auf die Bayern gesetzt wurde, muss sich auch die Gegenwette auf die Bayern beziehen.
Eine Backwette auf die Bayern und eine Laywette auf die Frankfurter hat nichts mit dem Trading zu tun, da in diesem Falle kein Handel stattfindet. Die Laywette auf die Frankfurter wirkt der Backwette auf die Bayern nicht entgegen und ist daher auch keine Gegenwette.

Trading mit Strategie

Die Strategie des Tradings

Nachdem Sie nun die verschiedenen Trendarten kennen, sollten Sie auch in der Lage sein, für Ihr Trading eine Strategie zu entwickeln, mit der Sie Ihr Ziel, nämlich den Profit, erreichen. Damit meine ich nicht eine Strategie, mit der Sie einen Profit erreichen **können**, sondern wie Sie diesen auch **wirklich erreichen.** Was nützt Ihnen ein hoher Gewinn, wenn mehrere Verluste, die von diesem Gewinn nicht aufgefangen werden, dagegen stehen. Schauen Sie sich mal in den

Wettforen um. Dort werden zuweilen Strategien vorgestellt, bei denen sich mir die Haare sträuben.
Ich bezeichne diese Strategien als „**Obelix Strategien**". Sie kennen Asterix und Obelix? Das sind die beiden Gallier, die in jeder Folge irgendwelche Gefangenen befreien müssen und dabei auch strategisch vorgehen. Dabei kommen dann zwei verschiedene Strategien zum tragen. Asterix macht einen Plan, wie man an die Gefangenen herankommt, ohne gesehen zu werden; wie man dann die Bewacher ohne eigene Verluste überwältigt und dann mit den Gefangenen entkommt. Für den Fall, dass es nicht klappt, muss man zumindest die eigene Haut retten können.
Dagegen steht die Strategie von Obelix, dem Dicken mit viel Kraft und wenig Hirn.
Seine Strategie: "**Ich geh rein; schlag alles kaputt und hol die Leute raus**".
Unser Altbundeskanzler würde dem noch ein „**Basta**" hinzufügen.
Das mag vielleicht in einem Comic funktionieren, aber sicher nicht in der Realität.
Aber auch die Strategie von Obelix kann zum Erfolg führen. Er weiß um seine Kräfte, sieht die Schwächen des Gegners und handelt danach. Er ist eigentlich der Experte, der schon viel Kampferfahrung hat und die Lage richtig einschätzen kann.
Und dann haben wir da noch die Römer. Die halten sich für die Größten; unterschätzen dabei den Gegner und ihre Strategien taugen auch nichts, weil sie einfach keine Ahnung haben.
Weil uns noch die nötige Erfahrung fehlt, um intuitiv die richtigen Entscheidungen zu treffen, machen wir es wie Asterix; entwerfen eine Strategie und befinden uns damit weitestgehend auf der sicheren Seite.

Eine Wettstrategie kann nur Erfolg haben, wenn strikt nach ihr vorgegangen wird, und daher muss sie gut durchdacht sein. Ziel der Strategie ist es, letztendlich einen Profit zu erzielen. Dafür muss die Vorgehensweise festgelegt werden, wobei die Risiken zu berücksichtigen sind. Diese Risiken, die ja immer bestehen, sollen dabei so gering wie möglich gehalten werden und im Falle eines Verlustes soll dieser ebenfalls so gering wie möglich ausfallen.
Die Anforderungen für eine erfolgreiche Strategie lauten somit:

Auf lange Sicht gesehen müssen die Gewinne im Verhältnis zu den Verlusten überwiegen.

Mit gesundem Menschenverstand und dem entsprechenden Wissen ist es jedoch keineswegs ein Problem, diese Vorgabe in die Tat umzusetzen.

Wählen sie eine Sportart, in der Sie traden wollen, und wenn Sie sich für eine entschieden haben, suchen sie sich den Markt heraus, in dem Sie eine Chance sehen, einen stabilen Trend zu finden. Berücksichtigen Sie dabei immer, dass Sie keine Einzelwette gewinnen wollen, sondern dass Sie als Trader auf einen Trend setzen wollen, der lange genug anhält, um Ihr Ziel zu erreichen. Es spielt auch keine Rolle, wieviel Sie gewinnen, sondern es ist vorerst nur wichtig, dass Sie überhaupt etwas gewinnen. Erst danach folgt die Überlegung, ob dieser Gewinn auch dauerhaft ist.

Die risikolose Wette

Obwohl es mit dem Trading nichts zu tun hat, werde ich kurz darauf eingehen. Es gibt zwar die risikolose Wette, aber nicht beim Trading. Beim Trading wird auf eine Quote gesetzt und darauf gehofft, dass man die erforderliche Quote für eine erfolgreiche Gegenwette auch erhält. Die Quote für die Laywette wird nie zeitgleich mit der passenden Backwette angeboten, sondern der Markt muss so verlaufen, dass diese Quote irgendwann angeboten wird. Das Trading besteht somit aus der Hoffnung, dass sich der Markt zu unseren Gunsten entwickelt. Es besteht somit immer das Risiko, dass sich der Markt ungünstig entwickelt und der Gewinn lediglich ein frommer Wunsch bleibt.
Anders hingegen ist es bei einer Einzelwette. Da gibt es durchaus die Möglichkeit einer risikolosen Wette. Ich möchte Ihnen das mal an einem Extremfall erklären:
Beim Fußball führt die Mannschaft A in der letzten Spielminute mit 10 Toren. Bietet Ihnen nun jemand eine Backwette auf die Mannschaft A an, weil er meint, dass die Mannschaft B doch noch gewinnt, können Sie diese Wette getrost annehmen und gehen dabei

kein Risiko ein, denn die Mannschaft B wird in der letzten Minute keinen Sieg mehr erringen

Vermindert man nun die Anzahl der Führungstore, erhöht sich selbstverständlich das Risiko, die Wette zu verlieren.

Dieser kleine Abstecher zu den risikolosen Wetten soll lediglich dem Zweck dienen, die Bedeutung der Risiken hervorzuheben. Wir können sie nicht beseitigen, aber wir können versuchen, diese zu minimieren und genau dieses werde ich Ihnen anhand eines Beispieles erklären, aber zuvor werde ich Ihnen noch einen Helfer vorstellen, der Sie davor bewahren soll, aus dem Bauch heraus eventuell die Risiken falsch zu bewerten. Er soll Ihr unbestechlicher Ratgeber sein.

Er heißt Murphy

Das nach ihm benannte Gesetz (**Murphys Gesetzt**) besagt in freier Auslegung:

„Alles, was möglich ist, wird auch irgendwann einmal geschehen.
Man muss es nur oft genug versuchen."

Auf einen Satz zusammengefasst:

Nichts ist unmöglich

Bilden Sie mit Murphy ein Team, in dem Sie die Aufgabe haben, den richtigen Markt und den richtigen Trend herauszusuchen. Murphys Aufgabe ist dann, emotionslos die Risiken gegeneinander abzuwägen.

Letztendlich entscheiden **Sie**, auch wenn Murphy mal einen Kompromiss eingehen muss, denn ein Restrisiko bleibt immer.

Hängen Sie ein Schild mit der Aufschrift

„Wie würde Murphy entscheiden?"

an Ihren Bildschirm und befolgen Sie seinen Rat.

Erstellen einer Strategie

Im Folgenden beschreibe ich die Vorgehensweise beim erstellen einer Strategie für das Trading. Dabei geht es nicht darum, eine bereits ausgereifte Strategie vorzustellen, sondern vielmehr darum, zu erklären, wie man schrittweise eine Strategie entwickelt; was dabei zu beachten ist und wie man dann diese Strategie weiter optimiert.

Wir wählen für unser Beispiel eine Sportart mit einem sicheren Trend. Diesen finden wir bei einer zeitlich begrenzten Sportart wie zum Beispiel dem Fußball.
Jede Auswahl hat ihren vom **Spielstand abhängigen** Trend, der nur durch ein Tor gefährdet werden kann und weil Murphy meint, dass ein Tor **jederzeit** fallen kann, suchen wir einen Markt, in dem eben dieses eine Tor nicht den sofortigen Verlust der Wette zur Folge hat bzw. zur Folge haben kann.
Das Ziel ist, eine Strategie zu entwickeln, die es ermöglicht, mit einem Minimum an Risiko dauerhaft mehr Gewinn als Verlust zu erzielen. Dabei kommt es nicht auf die Höhe des Gewinns an, sondern nur darauf, dass überhaupt ein Gewinn erzielt wird.

Die Back-Lay-Strategie

Unter diesem Gesichtspunkt bietet sich als ein geeigneter Markt die Wette „weniger als 4,5 Tore" an und den wollen wir uns nun mal genauer ansehen.

Der Markt „Weniger als 4,5 Tore"
Die Auswahl befindet sich im klaren und eindeutigen Abwärtstrend, solange nicht das 5. Tor gefallen ist. Bei jedem Tor (mit Ausnahme des 5. Tores) steigt die Quote, um danach wieder in den Abwärtstrend überzugehen.
Einen Abwärtstrend finden wir am Anfang des Spiels und, mit Ausnahme des 5. Tores, nach jedem Tor. Das Risiko, dass das 5. Tor fällt, ist bei einem Spielstand von 0:0 am geringsten und mit jedem Tor steigt das Risiko, die Wette durch das 5. Tor zu verlieren.

Merke: Risikoloses Trading gibt es nicht

Wenn wir nun bei einem Spielstand von 0:0 eine Backwette mit einer Quote von beispielsweise 1.02 platzieren, muss die Laywette auf eine Quote von 1.01 gesetzt werden, damit sich überhaupt noch ein Gewinn ergibt. Dieser Gewinn wäre, grob gerechnet, ca. 1% des Einsatzes. Zu diesem Zeitpunkt besteht zwar noch das Risiko, dass in dem Spiel 5 Tore fallen, aber die Chance, dass die Layquote vorher angenommen wird, ist relativ hoch.
Wenn in diesem Moment keine Wette platziert wird, sinkt die Backquote bei anhaltendem Abwärtstrend auf 1.01 und ist nicht mehr handelbar, da eine Layquote von 1.01 keinen Gewinn bringen wird.
Würde jedoch ein Tor fallen, bevor die Laywette angenommen werden kann, steigt die Quote und man hätte einen Verlust von ca. 20 % des Einsatzes, wenn man die Wette mit der in diesem Moment aktuellen Layquote beenden würde. Das Problem liegt nun darin, dass wir nicht wissen können, wann das erste Tor fällt, ob es bei diesem einen Tor bleibt, ob noch weitere Tore fallen und ob nicht sogar das 5. Tor fällt, womit die Wette dann verloren wäre. Wenn man jedoch jedes Mal, wenn das erste Tor fällt, die Wette mit einem Verlust von 20 % des Einsatzes beendet, würde sich das langfristig nicht rechnen, denn diese Situation kommt relativ häufig vor.
Warten wir jedoch ab, wie sich das Spiel entwickelt, kann die Wette noch gewonnen werden, wenn bis zum Spielende kein 5. Tor fällt; andererseits riskiert man auch einen totalen Verlust, falls es doch zum 5. Tor kommt.

Damit ist das Grundgerüst für unsere Strategie fertig. Sie lautet:

Platziere bei einem Spielstand von 0:0 so spät wie möglich auf die Backquote 1.02 und auf die Layquote 1.01.

Doch nun meldet sich unser Sicherheitsexperte Murphy. Er meint, dass sehr wohl noch 5 Tore fallen können, bevor die Laywette angenommen wird. Das 1. Tor kann jederzeit fallen. Dann steigt die Quote und durch schnell aufeinander fallende Tore kann es möglich sein, dass die Layquote von 1.01 nicht mehr angeboten wird.
Man müsste ungefähr 100 Wetten gewinnen, bevor sich ein Totalverlust rechnet und demzufolge zu verkraften ist. Zudem müsste man sich nach dem 1. Tor entscheiden, ob man den gegenwärtigen Ver-

lust hinnehmen möchte oder ob man darauf hofft, dass insgesamt keine 5 Tore fallen. Eine Verlustbegrenzung nach dem ersten Tor rechnet sich ebenfalls nicht, da ein Tor oft fällt, und ein Abwarten bedeutet das Risiko des Totalverlustes. Würde man das gesamte Kapital einsetzen, würde man logischerweise auch das gesamte Kapital riskieren, was wiederum, wenn man nicht über entsprechende Reserven verfügt, das Ende bedeuten würde.

So geht es also nicht, aber wir geben nicht auf. Das Prinzip scheint Erfolg versprechend zu sein, denn die Chance, dass keine fünf Tore fallen bevor die Laywette angenommen wird, ist relativ hoch, jedoch das Missverhältnis zwischen Gewinn und Verlust ist einfach zu groß.

Den Verlust minimieren

Versuchen wir nun, den größtmöglichen Verlust auf ein akzeptables Maß zu reduzieren.
Das Problem liegt darin, dass ein Tor einen Verlust von ca. 20% des Einsatzes zur Folge hätte, wenn man bei diesem Spielstand die Wette beenden würde. Abzuwarten, ob eventuell kein 5. Tor fällt, birgt das Risiko, den gesamten Einsatz zu verlieren. Wenn wir nun den maximalen Verlust auf 1,- Euro begrenzen könnten, wäre es möglich, den weiteren Spielverlauf abzuwarten, ohne dabei das gesamte Kapital zu riskieren. Eine Reduzierung auf 0,- Euro ist nicht möglich, denn das wäre dann ja ein risikoloses Trading, welches es nun mal nicht gibt.
Indem wir bei jeder Wette nur 1,- Euro einsetzen, reduzieren wir das Risiko eines Verlustes auf 1,- Euro, denn mehr als den Einsatz kann man nun mal nicht verlieren.

Die Strategie lautet nun:

Bei einem Spielstand von 0:0 auf die Backquote 1.02 und auf die Layquote 1.01 setzen. Der Einsatz beträgt 1,- Euro.

Den folgenden Absatz sollten Sie langsam lesen und zwar so oft, bis Sie den Inhalt wirklich verstanden haben.

Der Gewinn beträgt 1 % von 1,- Euro, nämlich 1 Cent. Von diesem Gewinn behält die Wettbörse eine Provision von **mindestens** 1 Cent ein. Der Nettogewinn würde sich dann auf 0 Euro belaufen.
Ein Einsatz von weniger als 1,- Euro würde einen Gewinn von weniger als 1 Cent bedeuten und wäre nach Abzug von 1 Cent Provision einem Verlust gleichzusetzen.

Ein Gewinn von weniger als 1 Cent in einem Markt bedeutet Verlust.

Dass ein so geringer Gewinn den gesamten Aufwand nicht rechtfertigt, ist schon klar, aber es geht uns bisher nur darum, unabhängig vom Profit festzustellen, ob diese Strategie überhaupt funktioniert.

Fällt nun ein Tor, steht ein Verlust von ca. 20 % des Einsatzes zur Disposition. Das wären 20 Cent, aber wir sind ja willens, eben diese 20 Cent zu riskieren, um die Möglichkeit zu erhalten, den weiteren Spielverlauf abzuwarten. Selbst wenn 4 Tore gefallen sind, können wir auf eine Schadensbegrenzung verzichten, denn ein Endergebnis von 4 Toren ist häufiger als ein 5. Tor.

Und was sagt Murphy dazu?
Er ist der Meinung, dass ein Verlust von 20 Cent zwar immer noch möglich ist, aber das Risiko ist so gering, dass man damit leben könnte.

Der Langzeittest mit Protokoll

Wir haben nun eine Strategie ausgearbeitet, die rein theoretisch funktionieren sollte, aber eben nur theoretisch, denn nun muss es sich erweisen, ob ein Gewinn von einem Prozent des Einsatzes eine ausreichende Sicherheit gewährt.
Ein Test soll Aufschluss darüber geben, ob sich aus den Verlusten und den Gewinnen letztendlich ein Profit ergibt und ob dieser Profit akzeptabel ist. Eigentlich ist jeder Profit akzeptabel, aber da müssen Sie Ihre eigene Meßlatte anlegen.
Empfehlenswert ist ein Test über mindestens 100 Wetten.

Protokollieren Sie den Test in folgender oder ähnlicher Form.

Tag	Spiele	0 Tore	Treffer bei 1 Tor	2 Tore	3 Tore	**4 Tore**	5 Tore
1	12	8	4				
2	20	16	2	1	1		
3	3	3					
4	14	10				3	
usw.							
Gesamt	100	78	12	4	2	3	1

Nach Beendigung des Testes werten Sie dann das Protokoll aus. Ergibt sich daraus ein Profit, ist die Strategie grundsätzlich tauglich und kann angewendet werden.

Im vorliegenden Fall ergab sich bei 100 Wetten eine verlorene Wette. Das wäre nicht ausreichend, aber eine Erhöhung des Gewinns auf 2 Quotenstufen (2%) würde das Problem beheben, denn nun sind zwei Verluste erforderlich, um den Gewinn der 100 gewonnenen Wetten zunichte zu machen. Die Strategie steht und lautet nun:

Bei einem Spielstand von 0:0 mit einem Einsatz von 1,- Euro auf die Backquote 1.03 und auf die Layquote 1.01 setzen.

Die Optimierung der Strategie

Wir haben nun für den Markt „weniger als 4,5 Tore" eine funktionierende Strategie entwickelt, die so schon einmal funktioniert, aber durchaus in einigen Punkten noch verbessert werden kann.

Ohne eine wesentliche Veränderung des Risikos ist eine Gewinnmaximierung durch Erhöhung des Einsatzes möglich, solange der Gewinn von ca. 2% des Einsatzes beibehalten wird. Es dauert zwar etwas länger, bis die höhere Summe angenommen wird, aber dieser Zeitverlust dürfte das Risiko nicht wesentlich erhöhen.

Anders hingegen bei einer Erhöhung des Gewinns von mehr als 2% des Einsatzes, denn dabei wird der Zeitpunkt für das platzieren der Backwette vorverlegt und verlängert die verbleibende Spielzeit.

In beiden Fällen sollte man die Strategie erneut testen.

Ich persönlich backe bei 1.05 und platziere die Laywette auf die Quote 1.03, denn in diesem Bereich geht es ziemlich zügig abwärts.

Der exakte Zeitpunkt für die Platzierung

Der richtige Zeitpunkt zum platzieren der Wette ist entscheidend für den Erfolg des **Tradings** und deshalb ist es wichtig, dass zwischen dem Absenden der ersten Wette und der Annahme der Gegenwette so wenig Zeit wie möglich vergeht. Diesen Zeitraum können wir nur beeinflussen, indem wir die Backwette so spät wie möglich platzieren.
Dabei bedienen wir uns der Gewichtung des Geldes.

101.7%			BACK	LAY			99.3%
		1.01 €28377	1.02 €909	1.03 €1296	1.04 €1338	1.05 €199	
	1.24 €44	3.2 €310	27 €107	46 €2			

Die Auswahl „weniger als 4,5 Tore" wird mit der Backquote von 1.02 angeboten. Auf der Layseite ist deutlich mehr Kapital zu erkennen als auf der Backseite, und es ist Bewegung im Markt, denn die Summe für die Quote 1.02 sinkt ab und beträgt jetzt 909,- Euro. Wir setzen nun einen Einsatz von 100,- Euro auf die Backquote von 1.02, solange noch mehr als 100,- Euro angeboten werden. Dabei ist die Inplay-Verzögerung von 5 Sekunden zu berücksichtigen. Sobald die Wette angenommen wurde, wird die Laywette mit einem Einsatz von 101,- Euro und einer Quote von 1.01 platziert. Diese erscheint nun als Angebot auf der Backseite, indem sich die angebotene Summe um den Betrag von 101,- Euro erhöht.

	BACK	LAY	
	1.01 €29989	1.02 € 12134	1.04 €1338

Nach kurzer Zeit wird die Backquote 1.02 nicht mehr angeboten, und auf der Backseite wird die Quote 1.01 mit einer Summe von 29989,- Euro angeboten. Unsere offene Laywette ist mit einem Betrag von 101,- Euro darin enthalten. Die Summe ist noch hoch, denn zu diesem Zeitpunkt setzen viele Teilnehmer noch Laywetten, die auf der Backseite angeboten werden. Darunter befindet sich auch unsere Laywette.

Nach einer gewissen Zeit wird diese Backquote auch nicht mehr angeboten und unsere Laywette wird angenommen.

Die Lay-Back-Strategie

Eine Strategie für ein Lay-Back-Trading zu entwickeln, ist da etwas diffiziler und das hat etwas mit dem gefühlten PET zu tun.
Rufen wir noch einmal den Unterschied zwischen Back und Lay ins Gedächtnis zurück.
Bei einem Fußballspiel setzen wir in einem Drei-Wege-Markt mit der Backwette auf den Sieg einer Mannschaft. Verliert diese Mannschaft, ist die Wette auch bei einem Unentschieden verloren, denn die Mannschaft hat ja nicht gewonnen.
Mit einer Laywette setzen wir darauf, dass eine Mannschaft nicht gewinnt. Gewinnt die Mannschaft dann nicht, haben wir die Wette auch bei einem Unentschieden gewonnen, denn dann hat die Mannschaft ja nicht gewonnen.

In einem Zwei-Wege-Markt wie „weniger/mehr" ist es bezüglich des Wettausganges eigentlich egal, ob man eine Backwette auf „unter 4.5 Tore" setzt oder eine Laywette auf „über 4.5 Tore". Es gibt da zwar einige Unterschiede bei der Quotenentwicklung, welches sich zwar auf die Gewinnhöhe auswirkt, jedoch nicht auf den Ausgang der Wette.

Bleiben wir daher bei der Drei-Wege-Wette. Während wir bei der Back-Lay-Wette vom Abwärtstrend profitieren, weil die Backquoten der führenden Mannschaft begehrter sind als die Layquoten, profitieren wir bei der Laywette vom Aufwärtstrend. Und da liegt der Hase im Pfeffer.
In unserem Beispiel möchten wir bei einem Risiko von 100,- einen Gewinn von 2,- Euro erzielen. (2%)
Die Mannschaft A führt mit 1:0 und für die Mannschaft B wird die Layquote 10.0 angeboten. Um auf 2% Gewinn zu kommen, ist für die Gegenwette eine Backquote von 12,20 Euro erforderlich. Die liegt im Bereich des Möglichen.

Möglicher Totalverlust:			-100,00	
	Quote	Einsatz	Wenn Auswahl gewinnt (Back)	Wenn Auswahl nicht gewinnt (Lay)
Lay	10,00	11,11	-100,00	11,11
Back	12,20	9,11	102,00	-9,11
		Gewinn /Verlust	2,00	2,00

Nach einiger Zeit ist die Layquote auf 40,0 gestiegen und es ist jetzt schon eine Backquote von 180.0 erforderlich, um einen Gewinn von 2% zu erzielen. Wir können nun schon erkennen, dass das Trading mit steigenden Quoten immer unattraktiver wird.

Möglicher Totalverlust:			-100,00	
	Quote	Einsatz	Wenn Auswahl gewinnt (Back)	Wenn Auswahl nicht gewinnt (Lay)
Lay	40,00	2,56	-100,00	2,56
Back	180,00	0,57	101,99	-0,57
		Gewinn /Verlust	1,99	1,99

Bis zum Beginn der 2. Halbzeit baut die Mannschaft A ihre Führung auf 3:0 aus.
Die Layquote für Mannschaft B steht nun bei 51.00 und die Backquote beispielsweise bei 30. Es ist nun eine Backquote von 1000.0 erforderlich, um mit dem Trading noch einen Gewinn von 2,- Euro erzielen können. Zumindest ist eine Backquote von mehr als 51.0 erforderlich, um mit dem Trading einen überhaupt einen Gewinn zu machen.

Möglicher Totalverlust:			-100,00	
	Quote	Einsatz	Wenn Auswahl gewinnt (Back)	Wenn Auswahl nicht gewinnt (Lay)
Lay	51,00	2,00	-100,00	2,00
Back	1.000,00	0,10	101,90	-0,10
	Gewinn /Verlust		1,90	1,90
		Provision	0,00	0,00
		Netto	1,90	1,90

Und jetzt kommt der gefühlte PET ins Spiel. Solange ein Sieg der Mannschaft A noch möglich ist, und das ist bei 45 noch zu spielenden Minuten durchaus der Fall, möchte niemand eine Laywette auf die Mannschaft B riskieren. Daher werden auch keine Backquoten angeboten. Die Quote bleibt somit bei ca. 30.0 stehen. Es werden aber Backquoten von weit mehr als 50 in der Hoffnung auf einen guten Gewinn, falls Mannschaft B doch noch gewinnt, geordert. Das wiederum treibt die Layquoten in die Höhe. Darauf, dass die Mannschaft B nicht gewinnt, möchte sich aber noch niemand festlegen und somit ordert auch niemand eine Layquote. Es erfolgt deshalb auch kein Angebot über eine hohe Backquote.

Es fallen noch zwei Tore und in der 80. Minute ist der Spielstand 4:0, womit der Point of no Return erreicht ist. Theoretisch müssten nun die angebotenen Backquoten ins uferlose steigen, denn jetzt ist es nicht mehr möglich, eine Laywette zu verlieren. Es tut sich aber nichts. Die angebotenen Backquoten sind im Verhältnis zum Spielstand extrem niedrig und selbst Layquoten werden kaum noch angeboten. Bei den niedrigen Backquoten steigen aber die Summen und ist der Knackpunkt.

In dieser Situation versuchen die meisten Teilnehmer, mit einer Laywette noch ins Spiel zu kommen, haben aber eine Scheu davor, aus welchen Gründen auch immer, einen hohen Betrag zu riskieren, obwohl der Gewinn eigentlich sicher ist. Sie ordern somit relativ niedrige Quoten, die dann als Backwette angeboten werden. Diese will aber niemand haben, denn wer setzt schon bei einem Spielstand von 4:0 auf den Verlierer. Gelegentlich wird mal eine Backwette angenommen oder eine hohe Backquote geordert, weil einige Spekulanten immer auf Außenseiter setzen oder weil einige unerfahrene Teilnehmer, die dieses Buch nicht gelesen haben, doch noch auf ein Schnäppchen hoffen. Diese hohen Quoten werden dann als Laywette angeboten, die wiederum aus Scheu vor dem hohen Risikobetrag nicht angenommen werden.

Es ist aber nicht nur die Scheu vor der hohen Layquote, denn eine Laywette mit hoher Quote hat noch eine andere Auswirkung. Als Trader möchten Sie Ihre Wette schnellstmöglich beenden, damit Ihr eingesetztes Kapital für weitere Wetten wieder zur Verfügung steht. Das ist jedoch bei einer Laywette, die nicht mit einer Backwette beendet werden kann, nicht der Fall. Sie müssen in einem solchen Fall bis zum Ende des Spieles warten, denn erst dann wird der Markt abgerechnet und das Kapital steht wieder zur Verfügung.

Für den Trader ist die Laywette daher nur dann interessant, wenn es dabei um niedrige Quoten geht und entsprechende Backquoten mit relativ wenigen Quotenschritten zu bekommen sind.

Ansonsten ist die Vorgehensweise bei der Entwicklung einer Lay-Back-Strategie ähnlich der bei der Back-Lay-Strategie mit dem Unterschied, dass die Layquote niedrig sein soll und das Risiko durch die Risikosumme (Liability) bestimmt wird.

Vor- und Nachteile einer Strategie

Der Vorteil einer gut ausgearbeiteten Strategie liegt darin, dass sie alle Eventualitäten und Risiken berücksichtigt und eigentlich nichts passieren kann.
Die Nachteile liegen darin, dass nur bestimmte Spiele in Betracht kommen. In unserem Beispiel der Back-Lay-Wette sind das nur Spiele, bei denen noch kein Tor erzielt wurde. Alle anderen Spiele mit einem Tor oder mehr sind für diese Strategie nicht geeignet. Das schränkt logischerweise die Möglichkeiten für eine Wette ein. Für diese Spiele müssen dann eigene Strategien ausgearbeitet werden.

Das einzige Risiko ist darin zu sehen, dass die zugrunde liegenden Statistikwerte nicht wie erwartet aufgehen. Zum Vergleich nehmen wir einmal Rot und Schwarz beim Roulette, wobei wir die Null mal unberücksichtigt lassen. Die Chancen, dass eine der beiden Farben gewinnt, steht 1:1, welches aber auch gleichbedeutend mit 100:100 ist und wenn dann 100 mal nacheinander Rot gewinnt, nützt es einem nichts, dass die Statistik aufgeht, indem nun 100 mal Schwarz

kommt. Die 100 Verluste in Folge haben das Kapital aufgebraucht und es ist vor dem ersten Gewinn bereits Feierabend.
Ebenso ist es auch bei einer optimal ausgeklügelten Strategie. Wenn ein Verlust auf 100 Gewinne kommt, kann es auch zu 10 Verlusten in Serie, gefolgt von 990 Gewinnen kommen. Wenn für die 10 Verluste kein finanzielles Polster zur Verfügung steht, ist auch in diesem Fall vorzeitig Feierabend.
Dieses Risiko kann man aber nicht restlos ausschließen.

Trading ohne Strategie

Das Trading ohne eine bestimmte Strategie hat auch etwas mit Statistik und Bauchgefühl zu tun. Ich möchte noch einmal, weil es immer wieder vergessen wird, betonen, dass es nicht darauf ankommt, wie das Ergebnis am Ende der Begegnung aussieht, sondern wir suchen nur nach einem Erfolg versprechenden Trend.

Um ohne eine feste Strategie erfolgreich traden zu können, bedarf es langer Erfahrung und guter Kenntnisse in der jeweiligen Sportart, weil hierbei auf aktuelle Trends gesetzt wird. Diese gilt es zu erkennen und zu nutzen.

Jede Sportart und jeder Markt hat seine Besonderheiten und somit ist es auch nicht möglich, hier verbindliche Regeln aufzustellen, jedoch gilt folgende Aussage von Murphy für alle Arten des Tradings:

Nichts ist unmöglich

Betrachten wir zum besseren Verständnis drei unterschiedliche Sportarten.

Tennis

Bei den Damen ist das Spiel beendet, wenn eine der Spielerinnen zwei Sätze gewonnen hat. - Bei den Herren sind es drei Sätze.
Das Ziel eines Spielers ist, dem anderen den Aufschlag durch ein Break abzunehmen, um die Möglichkeit zum Satzgewinn zu erhal-

ten. Gelingt ihm dieses oder ist der Break erkennbar, wird seine Quote eventuell sinken. Sie wird aber sinken, wenn der Break gelungen ist und er den Aufschlag hat.
Solange kein Break erfolgt, wird sich auch an den Quoten nicht viel ändern. Anders bei dem Nichtfavoriten. Dessen Quote könnte sinken, da das Spiel, solange kein Break erfolgt ist, relativ ausgeglichen ist. Es ist nicht sicher, dass er das Spiel verliert, sondern er nähert sich immer mehr Niveau des Favoriten.
Erst wenn der Favorit auch tatsächlich die Führung übernommen hat, lassen sich eventuell verwertbare Trends entdecken. Kurz vor dem Matchball ergibt sich ein rasend schneller Abwärtstrend, da jeder nun auf den Sieg hofft und von den niedrigen Quoten noch etwas abbekommen möchte. Misslingt der Matchball, steigen die Quoten ebenso schnell und das gesamte Spielgeschehen kann in das Gegenteil umschlagen.
Es ist also sehr schwierig, aber nicht unmöglich, einen Trend zu finden.
Als Grundregel können wir uns aber merken: Die Quote des Favoriten wird sinken, wenn er in Führung ist und er den Aufschlag hat.

Volleyball

Bei dieser Sportart müssen drei Sätze gewonnen werden, wobei mindestens 21 Punkte mit 2 Punkten Vorsprung erzielt werden müssen. Der 5. Satz geht jedoch nur bis 15 Punkte.
Eigentlich müsste sich nun ein klarer und eindeutiger Trend abzeichnen, wenn eine Partei klar in Führung liegt. Da liegt aber das Problem. Was ist eine klare Führung? Beim Tennis liegt eine klare Führung vor, wenn einer bereits ein Break erzielt hat und den Aufschlag hat. Beim Volleyball ist das nicht so einfach, denn hier gibt es zwei Eigenarten.
Zum einen erhält die Partei, die ein Spiel gewonnen hat, den Aufschlag für das nächste Spiel, wobei der eigene Aufschlag in der Regel nicht gewonnen wird.
Daraus resultiert folgendes:
Eine Partei muss, im Gegensatz zum Tennis, den eigenen Aufschlag gewinnen, um die Führung zu übernehmen. Da sie aber nach dem

gewonnenen Spiel wiederum den Aufschlag hat, muss sie diesen ebenfalls gewinnen, um die Führung zu behalten.
Diese beiden Punkte sind bei der Bewertung eines Vorsprungs enorm wichtig, denn eine Fehleinschätzung kann sehr schnell zum Verlust führen.
Um hierbei die Möglichkeiten für einen bevorstehenden klaren Trend zu erkennen, kommt man nicht umhin, den jeweiligen Spielstand vorausschauend nach dem Prinzip „**Was ist wenn…?**" zu bewerten.
Auch hier ergibt sich kurz vor dem vermeintlichen Sieg einer Partei ein starker und schneller Abwärtstrend, der ebenfalls, wie beim Tennis, schnell ins Gegenteil umschlagen kann.

Pferdewetten

Diese Sportart bietet die Möglichkeiten, im Inplay- sowie auch im Preplay-Modus einen entsprechenden Trend zu finden, wobei es während des Rennens, also Inplay, schwieriger ist als vor dem Start. Während des Rennens verändern sich die Quoten so schnell, dass ein verlässlicher Trend schwerlich zu erkennen ist. Anders hingegen vor dem Start.
Wie ich in dem Abschnitt über Preplay-Trends schon beschrieben habe, liegen den Quoten vor dem Start des Events keine Spielergebnisse zugrunde, sodass hier eigentlich keine eindeutigen Trends erkennbar sind. Jedoch gibt es auch hier Ausnahmen, denn wenn die Favorisierung eines Pferdes erkennbar und durch irgendwelche Fakten auch begründet ist, können sich sehr wohl brauchbare Trends ergeben.
Wichtig ist dabei, dass dieses Pferd im gesamten Markt als Favorit angesehen wird, denn nur dann kann durch das Wettverhalten der anderen Teilnehmer ein entsprechender Trend entstehen, weil die Backquote dieses vermeintlichen Favoriten begehrt ist und sich dadurch ein Abwärtstrend ergibt.
Eine andere Möglichkeit ergibt sich, wenn man mit einer Laywette auf den Aufwärtstrend des Pferdes setzt, von dem man annimmt, dass es nicht siegen wird. Wie das Rennen dann ausgeht, sollte Ihnen als Trader egal sein. Allerdings sollte das Trading vor dem Start beendet sein, eventuell auch mit einem geringen Verlust.

Das verflixte Bauchgefühl

Mit dem Bauchgefühl spreche ich nun ein Thema an, welches in Wettkreisen ziemlich umstritten ist. Die einen schwören auf ihr Bauchgefühl und gewinnen damit, während andere das gleiche tun und mit regelmäßiger Sicherheit Verluste erleiden.
Wie kann das sein? Gibt es richtige und falsche Bauchgefühle?
Ja, die gibt es und man sollte, wenn man erfolgreich wetten möchte, dieses Thema nicht auf die leichte Schulter nehmen. Ich möchte an dieser Stelle keinen Vortrag über die Forschungsergebnisse von Psychologen und Hirnforschern halten, aber ich halte es für wichtig, dieses Thema näher zu beleuchten.
Das Bauchgefühl entwickelt sich, indem man seine eigenen negativen und positiven Erfahrungen macht. Diese Erfahrungen führen, wenn sie wiederholt gemacht werden, zu einer Verhaltensweise, die von den gemachten Erfahrungen geprägt sind. Um nun in dem Bereich der Sportwetten zu bleiben, kann man sagen, dass sich ohne entsprechende Erfahrungen in einer Sportart auch kein echtes Bauchgefühl für die Abgabe einer Wette in diesem Sport einstellen kann. Hierin liegt aber die Gefahr, sich ein Bauchgefühl anzueignen, welches zu Fehlentscheidungen führen kann. Wie kann das aber angehen, da wir uns doch diesem Prozess, der auch noch unbewusst abläuft, angeblich nicht entziehen können?
Unser Unterbewusstsein, welches für die Entwicklung des Bauchgefühls verantwortlich ist, benötigt zusätzlich zu den Erfahrungen auch noch Informationen, die es ihm ermöglicht, die Erfahrungen anhand der vorhandenen Informationen auszuwerten um somit ein zuverlässiges Verhaltensmuster bzw. das Bauchgefühl entwickeln zu können.
Dieser ganze Vorgang ist derart komplex, dass es nicht möglich ist, diesen in allen Einzelheiten hier zu beschreiben, aber ich werde versuchen, Ihnen zu vermitteln, worauf es ankommt.
Bleiben wir mal beim Fußball.
Damit sich ein relativ gutes Bauchgefühl entwickeln kann, benötigen wir Informationen über den Ausgang der Begegnung, wer wieviel Tore erzielt hat; wer den Heimvorteil hatte und wer nicht; ob es sich um eine Begegnung auf neutralem Boden handelte und auf welchem Tabellenplatz sich die jeweilige Mannschaft vor dem Beginn der Begegnung befand. Das alles sind Fakten, die unser Unterbewusstsein verarbeiten und gegeneinander abwägen kann, und erst wenn alle

Fakten bekannt sind, wird sich, verhältnismäßig gute Kenntnisse in dieser Sportart vorausgesetzt, ein gesundes und zuverlässiges Bauchgefühl entwickeln. Welche Fakten dabei wirklich aussagekräftig und welche nicht, wird im nachfolgenden Abschnitt über den Nutzen von Statistiken näher beschrieben. Soviel sei aber schon mal gesagt: Mit unwichtigen Informationen verfälscht man sich selber sein Bauchgefühl.

Der größte Feind eines zuverlässigen Bauchgefühls ist die Favorisierung von Mannschaften oder einzelner Sportler, weil man denen gewisse Sympathien entgegenbringt. Emotionen haben in diesem Geschäft, und hierbei handelt es sich um ein Geschäft, nichts zu suchen. Ebenfalls ist es natürlich Voraussetzung, dass man das Prinzip des Tradings verstanden hat.

Wie nützlich sind Statistiken?

Ein ebenso umstrittenes Thema im Bereich der Sportwetten sind die Statistiken und deren Auswertung. Es sei zuvor gesagt, dass Statistiken ihre Berechtigungen haben, aber mit der Aussagekraft ist es so eine Sache. Zur Erstellung von Tabellen etc. mögen sie geeignet sein, aber für zuverlässige Prognosen im Sportbereich sind sie meines Erachtens wenig geeignet. Schauen wir und doch mal den Verlauf einer Fußballbegnung an und analysieren diese anschließend.

Mannschaft A gewinnt gegen Mannschaft B mit 3:1 Toren.
Von diesen drei Toren war eines das Ergebnis eines Elfmeters und ein Tor wurde erzielt, weil der gegnerische Torhüter über seine eigenen Füße gestolpert ist. Das dritte Tor war das Ergebnis einer erfolgreichen Strategie.
Die Mannschaft B erzielte das einzige Tor durch ein strategisch gutes Vorgehen. Zwei Elfmeter konnten nicht erfolgreich in Tore verwandelt werden.
Würde man diese Tatsachen in einer Statistik berücksichtigen, wäre der Ausgang der Begegnung mit einem 1:1 zu bewerten, denn das Straucheln des Torhüters sowie der erfolgreiche Elfmeter müssten als Glück bzw. Pech eingestuft werden.
Statistiken für alle Situationen zu erstellen, ist nicht besonders schwer, aber es ist verhältnismäßig schwierig, diese entsprechend zwecks einer Prognose auch auszuwerten.

Für den uns als Trader sind die Statistiken relativ unwichtig, denn uns interessiert weniger, wie ein Ereignis ausgeht, sonder mehr der Trend. Natürlich interessiert es uns, wer der Favorit ist und wer nicht, aber die Arbeit, eine Prognose mit der Hilfe von Statistiken zu erstellen, können wir getrost den Buchmachern oder dem Markt überlassen. Aus den angebotenen Quoten ist leicht ersichtlich, wie die Wahrscheinlichkeit der Auswahlen bewertet wird. Ob die Quote des Favoriten nun 1.6 oder 1.8 beträgt, ist eigentlich nur für den Zocker oder für den Value-Tipper von Belang. Für den Trader ist die Einschätzung der Wahrscheinlichkeit nur insofern von Bedeutung, dass er daraus ersehen kann, inwiefern die Wette doch noch gewonnen werden kann, falls eine Gegenwette wegen Stromausfall oder ähnlichem nicht mehr platziert werden kann.

Die Schadensbegrenzung

Beim Trading mit dem Trend kann ein Schaden nur dadurch entstehen, dass sich durch ein Tor der gegenwärtige Trend in sein Gegenteil verkehrt.

Wann muss ein Verlust begrenzt werden?

Die normale Schadensbegrenzung ist dem Grunde nach eine einfache Angelegenheit, denn man muss nur mit dem richtigen Einsatz eine Gegenwette auf die gerade aktuelle Quote setzen. Dann ist der Verlust in jedem Fall geringer als ein Totalverlust.

Zur Schadensbegrenzung hier ein Zitat von Murphy.

„Ein Tor kann jederzeit, selbst in der letzten Spielsekunde fallen"

Das sagt eigentlich schon alles über den Zeitpunkt einer Schadensbegrenzung aus.

Wenn das nächste Tor den Totalverlust bedeutet, ist eine Schadensbegrenzung unumgänglich, es sei denn, dass dieser Verlust in einer Strategie einkalkuliert wurde.

Wenn das nächste Tor bedeutet, dass bei einem weiteren Tor die Schadensbegrenzung unausweichlich ist, befindet man sich unter einem enormen Entscheidungsdruck. Diese Entscheidung muss jeder selber treffen. Einerseits hofft man auf einen positiven Verlauf und möchte kein Geld verlieren; andererseits droht eine Muss-Schadensbegrenzung, die einen nicht nur höheren, sondern auch einen sicheren Verlust bedeutet. Wenn dann das befürchtete Tor auch noch ausbleibt, ärgert man sich über seine Entscheidung.

Dieses ganze Dilemma lässt sich nur vermeiden, wenn man die Risiken schon bei der Entscheidung für eine Wette so abwägt, dass man möglichst nicht in eine dieser Situationen gerät.

Durchführung der Schadensbegrenzung

Der Einsatz berechnet sich nach der uns bekannten Smart-Bet-Formel. Eigentlich müsste man die Gegenwette nur noch abschicken und alles wäre erledigt, wenn der Markt still stehen bleiben würde und geduldig darauf wartet, bis wir unsere Schadensbegrenzung beendet haben. Dem ist aber nicht so.

Eine Backwette befindet sich in einer derartigen Situation in einem Aufwärtstrend und die Layquoten bewegen sich, je nach Dynamik des Marktes, mehr oder weniger schnell nach oben.

Bei der Laywette ist es umgekehrt. Die Backquoten bewegen sich abwärts.

In einem schnellen Markt würden uns die Quoten davonlaufen und der Totalverlust wäre gesichert.

Darum halten wir ein, zwei oder auch mehr Quotenschritte (Je nach Dynamik) vor und lassen die Quote in die vorgegebene Quote laufen.

Beispiele:
Die aktuelle Backquote von 2.2 bewegt sich aufwärts. Wenn die Laywette dann mit einer Quote von 2.6 platziert und dann irgendwo zwischen 2.2 und 2.6 angenommen wird, ist diese Gefahr gebannt.

Die aktuelle Layquote von 2.6 bewegt sich abwärts. Die Backwette wird mit einer Quote von 2.2 platziert und dann irgendwo zwischen 2.6 und 2.2 angenommen.

Kapitel 7: Trading gegen den Trend

Diese Vorgehensweise hat mit dem klassischen Trading nicht viel gemein, denn ein Erfolg ist nur zu verzeichnen, wenn die gegenwärtige Situation sich ändert und die Quoten sich dann auch wirklich so verhalten, wie es von ihnen erwartet wird.

Bisher haben wir nur mit dem Trend getradet – ein tolles Wort -, aber für den fortgeschrittenen Trader bietet sich auch die Möglichkeit, gegen den Trend zu setzen, wenn seine Strategie bzw. seine Vorgehensweise es erfordert.

Man platziert dabei eine Backwette auf einen Aufwärtstrend um dann den Trade mit einer niedrigeren Laywette abzuschließen; oder es wird eine Laywette auf einen Abwärtstrend platziert, um diese dann mit einer höheren Backwette zu beenden.

Na, haben Sie den Widerspruch erkannt? Erst beschreibe ich, dass man mit dem Trend gehen soll, weil man sonst keine Gelegenheit zur Gegenwette erhält, und jetzt behaupte ich solchen Mist. Wie können Quoten in einem Aufwärtstrend sinken bzw., in einem Abwärtstrend steigen? Keine Angst, das können sie auch nicht, von zwischenzeitlichen Schwankungen abgesehen, aber wir wissen auch, dass nach einem Tor in einem Abwärtstrend die Quoten extrem steigen können, um dann wieder zu sinken. In einem Aufwärtstrend ist es natürlich umgekehrt. Ich persönlich sehe in dieser Vorgehensweise keinen langfristigen Erfolg, denn die Rechnung geht nur auf, wenn ein Tor fällt. Fällt dieses aber nicht, stellt sich das Problem der Schadensbegrenzung. Jeder muss selber entscheiden, ob er diese Möglichkeit bei der Entwicklung einer Strategie in Betracht zieht.

Ich möchte mal an einem Beispiel erläutern, wie so etwas aussehen könnte und warum das Risiko eines Verlustes relativ hoch ist. Es handelt sich dabei um die Methode „Lay the Draw" (Gegen ein Unentschieden), welche gerade von Neulingen immer wieder als „Stein der Weisen" neu entdeckt und danach wieder verworfen wird, weil langfristig der Erfolg ausbleibt.

Lay the Draw

Der Grundgedanke ist, dass sich bei einem Spielstand von 0:0 die Quote für ein Unentschieden in einem Abwärtstrend befindet und daher mit fortschreitender Zeit fällt, aber nach einem Tor ansteigt.
Platziert man nun eine Laywette auf das Unentschieden, also gegen ein Unentschieden, wird die Backquote nach einem Tor auf einen Wert ansteigen, der über der Layquote liegt. Wird dann die Gegenwette mit dieser Backquote platziert, ist der Gewinn sicher. Das hört sich zwar gut an, denn in den meisten Spielen fällt mindestens ein Tor, aber dann kommt der Haken an der ganzen Sache.
Nach einem Tor steigt die Quote nur, wenn die Wahrscheinlichkeit auf ein Ausgleichstor dementsprechend sinkt, und das hängt wiederum davon ab, wie die anderen Teilnehmer dieses Tor bewerten. Wird das Tor vom Nichtfavoriten erzielt, hoffen alle auf das Ausgleichstor durch den Favoriten und die Quote wird voraussichtlich nicht ausreichend genug steigen. Erzielt allerdings der Favorit das Tor, steigt die Wahrscheinlichkeit für einen weiteren Führungstreffer und die Quote wird deshalb steigen.
Solange kein Tor fällt, sinkt die Backquote, sodass sich keine Gelegenheit bietet, die Wette mit einem Gewinn zu beenden. Irgendwann kommt dann der Moment, zu dem man sich entscheiden muss, ob man weiterhin auf das Tor wartet oder ob man mit einem akzeptablen Verlust aussteigt. Wartet man ab, riskiert man einen hohen Verlust. Steigt man aus, ist der Verlust gesichert. Hat man sich für das Abwarten entschieden und es fällt tatsächlich das erwartete Tor, ist der Anstieg der Backquote auf einen Wert über der Layquote noch lange nicht sicher.
Letztendlich läuft es darauf hinaus, dass ein Tor fallen muss und dieses auch noch vom Favoriten erzielt werden sollte.
Wenn kein Tor fällt oder der Nichtfavorit das Tor schießt, hat man ein Problem.

Kapitel 8: Trading in verschiedenen Märkten

Traden kann man auch in verschiedenen Märkten. Man kann beispielsweise in dem Markt „Endstand" die Backwette auf die Auswahl „0:0" platzieren und die Laywette in dem Markt „Nächstes Tor" auf die Auswahl „Kein Tor", denn „Kein Tor" ist bei einem Spielstand von 0:0 die Gegenwette von „0:0". Normalerweise macht das keinen Sinn, aber mitunter ist es möglich, dass die Layquote auf „0:0" niedriger ist als die Layquote auf „Kein Tor" und sich dadurch ein Gewinn ergibt. Jedoch ist die Chance sehr gering. Obwohl es sich um verschiedene Märkte handelt, haben Auswahlen mit gleicher Bedeutung in allen Märkten annähernd die gleichen Quoten. Das mag seltsam klingen, ist aber so. Der Grund dafür ist der, dass eine Wettbörse wie Betfair diese Quoten softwaremäßig überwacht und korrigiert, sodass keine Situation entsteht, in der eine aktuelle Layquote niedriger als die aktuelle Backquote ist.

Die Sure-Bet

Diese Situation kann gelegentlich aber doch mal eintreten, allerdings nur für ein paar Sekunden, und dann hat man eine so genannte Sure-Bet. Das ist eine sichere Wette, die man nicht verlieren kann, wenn beide Wetten angenommen werden. An einer normalen Börse nennt man das eine Arbitrage. Das wäre der Fall, wenn beispielsweise der Weizen an der Londoner Börse höher gehandelt wird als an der Frankfurter Börse. Dann kauft man den Weizen eben in Frankfurt und verkauft ihn sofort wieder mit Gewinn in London. Und schon sind wir wieder bei unseren Wetten. Was kann uns daran hindern, unsere Wette bei der Wettbörse zu kaufen und bei einem beliebigen Buchmacher mit Gewinn wieder zu verkaufen? Bei unserem Beispiel mit dem Weizen müssten Sie an der Frankfurter sowie an der Londoner Börse für den Handel zugelassen sein und bei den Wettbörsen und Buchmachern ist es ebenso. Dort müssen Sie nur registriert sein, Ihr Konto muss über ein ausreichendes Guthaben verfügen und schon kann es losgehen.
Viele Trader haben sich auf diese Sure-Bets spezialisiert und machen damit, auf lange Sicht gesehen, auch akzeptable Gewinne,

aber bei diesen sicheren Wetten gibt es auch Risiken, die nicht zu unterschätzen sind.

Wie findet man Sure-Bets?

Man suche sich seriöse Buchmacher, die in der Regel zu ihren angebotenen Quoten stehen und diese nicht nach eigenem Belieben ändern oder sogar stornieren, weil die angebotenen Quoten nur Lockangebote waren. Bei diesen Buchmachern, es können auch andere Wettbörsen sein, registriert man sich dann und zahlt entsprechende Geldbeträge auf die jeweiligen Konten ein. Die Einzahlungsbeträge richten sich dann nach dem eigenen Geldbeutel. Wichtig ist, dass sich ein ausreichender Geldbetrag bereits auf dem Konto befindet, wenn man eine passende Quote gefunden hat und auf diese wetten will.
Nachdem das erledigt ist, kommt die eigentliche Arbeit, nämlich das Suchen passender Quoten. Diese Suche kann mitunter sehr zeitraubend sein und daher sollte man sich, um sich nicht zu verzetteln, eine entsprechende Vorgehensweise zurechtlegen.
Ich gehe folgendermaßen vor:
Ich erstelle mir eine Liste mit allen Events, auf die ich im Laufe des Tages wetten möchte. Dann arbeite ich diese Liste ab und schaue bei meinen Buchmachern nach, ob einer von denen eine Quote anbietet, die über der gerade angebotenen Layquote liegt. Sollte das der Fall sein, habe ich eine Sure-Bet gefunden und kann diese dann mit sicherem Gewinn ausführen.
Findet sich keine entsprechende Quote, wird eben nicht gewettet.
Hat man einen Buchmacher mit einer guten Quote gefunden, kann man auch, wenn die Zeit es zulässt und keine Quotenänderungen zu befürchten sind, bei den anderen Buchmachern nach eventuell noch besseren Quoten suchen.
Diese Methode ist relativ übersichtlich, da ich nur mit wenigen Buchmachern arbeite.
Für diejenigen, die sich bei den Sure-Bets mehr engagieren möchten, über genügend Kapital verfügen, um dieses bei vielen Buchmachern zu deponieren, bieten sich im Internet zahlreiche Anbieter, welche regelmäßig bei den Buchmachern recherchieren und die besten Quoten veröffentlichen. Eine dieser Seiten ist **betbrain.com**, die einerseits mehrmals am Tage die Quoten aktualisiert und ande-

rerseits gegen Gebühr die Quoten in Echtzeit auf den neuesten Stand bringt.

Platzieren der Sure-Bet

Die Laywette sollte erst platziert werden, wenn die Wette beim Buchmacher bestätigt worden ist, weil diese Wette die Grundlage für den Einsatz der Laywette bildet. Wenn Sie erst die Laywette platzieren, besteht die Gefahr, dass die Backwette nicht wie vorgesehen angenommen wird und dann sind die Einsätze nicht mehr aufeinander abgestimmt.

Risiken der Sure-Bet

Die Sure-Bet ist zwar prinzipiell eine sichere Wette, aber es bestehen auch hierbei erhebliche Risiken, die darin liegen, dass jeder Anbieter seine eigenen Regeln und Geschäftsbedingungen hat. Wenn ein Buchmacher eine Wette storniert, aus welchem Grunde auch immer, bedeutet das noch lange nicht, dass die Wette bei der Wettbörse auch storniert wird. Umgekehrt ist es genauso. Sie sollten also beide Wetten unter Beobachtung halten, damit Sie in einem solchen Fall, in dem Ihnen ja nun die Gegenwette fehlt, eventuell noch mit einer Schadensbegrenzung reagieren können.

Einsatz und Provision

Die Einsätze berechnen wir mit der Smart-Bet-Formel, bei der die Einsätze so verteilt werden, dass die Gewinne in jedem Fall gleich hoch sind.
Innerhalb eines Marktes werden Gewinne und Verluste gegeneinander aufgerechnet und die Provision errechnet sich dann aus dem verbleibenden Gewinn.
Das Konto wird mit dem höchsten Risikobetrag des Marktes belastet.

In dem folgenden Beispiel wird eine Provision von 5% berechnet.

Der höchste Risikobetrag ist die Liability der Laywette und beträgt 247,06 Euro. Mit diesem Betrag wird das Konto belastet und das ist auch der Kapitalbedarf für diese Wette.
Wenn die Backwette gewonnen wird, beträgt der Gewinn 250,- Euro, von dem dann die verlorene Laywette mit 247,94 Euro abgezogen wird. Die Provision beträgt dann 5% der verbleibenden 2,94 Euro.
Der Nettogewinn beträgt 2,79 Euro.

Wenn die Laywette gewonnen wird, beträgt der Gewinn 102,94 Euro, von dem dann die verlorene Backwette mit 100,- Euro abgezogen wird. Die Provision beträgt dann 5% der verbleibenden 2,94 Euro.
Der Nettogewinn beträgt ebenfalls 2,79 Euro.

	Quote	Einsatz	Back gewinnt	Lay gewinnt
Back	3,50	100,00	250,00	-100,00
Lay	3,40	102,94	-247,06	102,94
Gewinn / Verlust			2,94	2,94
Provision			-0,15	-0,15
Netto			2,79	2,79

Bei einer Wette in zwei verschiedenen Märkten sieht das etwas anders aus, weil jeder Markt für sich berechnet wird.

Betrachten wir folgendes Beispiel, in dem wir die Provision in jedem Markt mit 0% angesetzt haben. Für den Markt mit der Backwette wird das Konto mit dem Risikobetrag von 100,- Euro belastet und für den Markt mit der Laywette beträgt der Risikobetrag 240,63 Euro. Der Kapitalbedarf für diese Wette beträgt somit 340,63 Euro.

Wenn die Backwette gewonnen wird, beträgt der Gewinn 250,- Euro. Eine Provision ist nicht zu zahlen und somit verbleibt ein Nettogewinn von 9,37 Euro, wenn 240,63 Euro aus der verlorenen Laywette vom Gewinn abgezogen werden.

Wenn die Laywette gewonnen wird, beträgt der Gewinn 109,38 Euro. Eine Provision ist nicht zu zahlen und somit verbleibt ein Nettogewinn von 9,38 Euro, wenn 100.- Euro aus der verlorenen Backwette vom Gewinn abgezogen werden.

	Provision	Quote	Einsatz	Back gewinnt	Lay gewinnt
Back	0,00%	3,50	100,00	250,00	
Lay	0,00%	3,20	109,38		109,38
			Provision	0,00	0,00
			Verlust	-240,63	-100,00
			GuV	9,37	9,38

In folgendem Beispiel legen wir eine Provision von 5% für jeden Markt fest.

Der Kapitalbedarf beträgt weiterhin 340,63 Euro, aber bei den Gewinnen sieht es nun etwas anders aus.

In dem Back-Markt beträgt die Provision 12,50 Euro (5% von 250,- Euro) und somit verbleibt ein Verlust von 3,13 Euro.

Im Lay-Markt verbleibt ein Nettogewinn von 3,91 Euro, da die Provision 5% von nur 109,38 Euro beträgt.

	Provision	Quote	Einsatz	Back gewinnt	Lay gewinnt
Back	5,00%	3,50	100,00	250,00	
Lay	5,00%	3,20	109,38		109,38
			Provision	-12,50	-5,47
			Verlust	-240,63	-100,00
			GuV	-3,13	3,91

Im nächsten Beispiel setzen wir die Backwette bei einem Buchmacher, der keine Provision erhält. Die Laywette platzieren wir bei der Wettbörse mit einem Provisionssatz von 5%.

Der Kapitalbedarf beträgt wieder 340,63 Euro. Beim Buchmacher müssen 240,63 Euro abgedeckt sein und bei der Wettbörse sind das 100,- Euro.

Wird die Backwette beim Buchmacher gewonnen, beträgt der Nettogewinn 9,37 Euro (250,- Euro abzüglich 240,63 Euro)

Wird die Laywette bei der Wettbörse gewonnen, beträgt der Nettogewinn nur 3,91 Euro, da hier eine Provision von 5,47 Euro zu zahlen ist.

	Provision	Quote	Einsatz	Back gewinnt	Lay gewinnt
Back	0,00%	3,50	100,00	250,00	
Lay	5,00%	3,20	109,38		109,38
			Provision	0,00	-5,47
			Verlust	-240,63	-100,00
			GuV	9,37	3,91

In dem folgenden Beispiel habe ich mal die Layquote etwas höher angesetzt. Es ist zwar immer noch eine Sure-Bet, aber die Differenz zwischen Back- und Layquote ist sehr knapp.

Wird die Backwette beim Buchmacher gewonnen, verbleibt zwar ein Gewinn von 2,94 Euro, aber wenn die Laywette bei der Wettbörse gewonnen wird, ergibt sich dort aufgrund der Provision ein Verlust von 2,21 Euro.

	Provision	Quote	Einsatz	Back gewinnt	Lay gewinnt
Back	0,00%	3,50	100,00	250,00	
Lay	5,00%	3,40	102,94		102,94
			Provision	0,00	-5,15
			Verlust	-247,06	-100,00
			GuV	2,94	-2,21

Daraus können wir ersehen, dass die Layquote um mindestens um soviel niedriger sein muss, dass die Provision bezahlt werden kann.

In folgendem Beispiel ist die Layquote 95% der Backquote.

Layquote = Backquote / 100 x (100 – Provisionssatz)
Layquote = 3,5 / 100 x 95
Layquote = 3,33

Die Layquote sollte somit 3,33 oder niedriger sein.

Wenn dann die Laywette gewonnen wird, hat man in jedem Fall keinen Verlust. Jeder Tick, den die Layquote niedriger ist, bringt Gewinn.

	Provision	Quote	Einsatz	Back gewinnt	Lay gewinnt
Back	0,00%	3,50	100,00	250,00	
Lay	5,00%	3,33	105,26		105,26
			Provision	0,00	-5,26
			Verlust	-244,74	-100,00
			GuV	5,26	0,00

Im Umkehrschluss muss die Backquote entsprechend höher sein als die Layquote.

Backquote = Layquote / (100-Provisionssatz) x 100.
Backquote = 3,4 / 95 x 100 = 3,58

Die Backquote sollte somit 3,58 oder höher sein.

Man muss also bei den Buchmachern nur nachschauen, ob dort Backquoten von 3,58 oder höher angeboten werden. Das vereinfacht ganz erheblich die Suche nach Sure-Bets.

	Provision	Quote	Einsatz	Back gewinnt	Lay gewinnt
Back	0,00%	3,58	100,00	257,89	
Lay	5,00%	3,40	105,26		105,26
			Provision	0,00	-5,26
			Verlust	-252,63	-100,00
			GuV	5,26	0,00

Unter **http://www.arbcruncher.com/free_popup.asp?type=3** finden Sie einen Kalkulator, mit dem eine noch genauere Berechnung der Einsätze möglich ist.

Back and Lay on same betting exchange bedeutet, dass sich beide Wetten im gleichen Markt mit dem gleichen Provisionssatz befinden. Deaktivieren Sie diese Funktion und geben Sie dann die Provisionssätze sowie die Quoten (Price) ein. Aus dem vorgegebenen Einsatz (Stake) ermittelt dann der Kalkulator den Einsatz der Gegenwette. Unter Profit sehen Sie dann den Gewinn. In diesem Fall ist es ein Gewinn von 1,51 Euro bzw. 1,53 Euro. Der Kapitalbedarf beläuft sich im Back-Markt auf 100,- Euro und im Lay-Markt auf 256,49 Euro, somit auf insgesamt 356,49 Euro.

Kapitel 9: Wettsoftware

Tabellen und andere Kalkulatoren sind nur ein Kompromiss, wenn es darum geht, auf Veränderungen im Verlauf einer Wette zu reagieren. Wenn man in einer solchen Situation auch noch Einsätze berechnen und in den Wettmanager der Wettbörse übertragen soll, ist man leider sehr oft überfordert. Eine entsprechende Software ist über eine Schnittstelle mit der Wettbörse verbunden. Quoten werden in Echtzeit dargestellt, in voreinstellbaren Intervallen aktualisiert und Wetteinsätze werden ebenfalls in Echtzeit an die Wettbörse übertragen. Die Berechnungen der erforderlichen Einsätze werden von der Software vorgenommen.
Der Anbieter einer derartigen Software muss für die Nutzung der Schnittstelle eine Lizenzgebühr entrichten, welches sich logischerweise auf den Preis auswirkt. Die Preise der Programme gehen daher bis zu 1000.- Euro im Jahr und darum sollte man beim Kauf doch sehr auf ein gesundes Preis-Leistungs-Verhältnis achten. Eine kostenlose Test-Version, bei der alle Funktionen uneingeschränkt getestet werden können, sollte ebenfalls angeboten werden.
Wer sich ernsthaft mit dem Trading beschäftigt und damit Geld verdienen möchte, kommt meines Erachtens um eine Wettsoftware nicht herum. Man kann zwar auf der Homepage der Wettbörse erfolgreich traden, aber nur mit Einschränkungen. Die Quoten müssen manuell aktualisiert und die Einsätze für die Gegenwetten manuell berechnet werden. Das kostet Zeit, beinhaltet das Risiko von Falschberechnungen und die dadurch entstehende Hektik kann zu Verlusten führen. Abgesehen davon, können manch gute Wettgelegenheiten nicht wahrgenommen werden, da einfach die Zeit nicht ausreicht, schnell zu reagieren.
Die Software übernimmt nicht die Analyse der Wettmärkte, aber sie ist für den ernsthaften Trader ein unverzichtbares Werkzeug.

Was sollte eine Wettsoftware können?

Auf jeden Fall sollte die Bedienung relativ einfach und übersichtlich sein, sollte auf jeden Fall zusätzlich zur Grid-Ansicht auch eine Ladder-Ansicht bieten und darüber hinaus sollte sie zumindest folgende Funktionen enthalten:

Die Trading Funktion

Hierbei wird festgelegt, um wie viele Ticks die Backquote höher sein soll als die Layquote bzw. umgekehrt. Mit einem Klick auf eine Quote wird dann die Wette platziert.
Wird die Layquote zuerst angeklickt, platziert die Software erst die Laywette und erst wenn diese angenommen worden ist, die Backwette mit einer Quote, die den vorgegeben Ticks entspricht.
Wird die Backquote zuerst angeklickt, platziert die Software erst die Backwette und erst, wenn diese angenommen worden ist, die Laywette mit einer Quote, die den vorgegeben Ticks entspricht.
Der Einsatz für die jeweilige Gegenwette wird von der Software automatisch berechnet.

Berechnung des Einsatzes

Es muss die Möglichkeit bestehen, zwischen der Berechnung mit der Smart-Bet-Formel und der Berechnung mit der Back-Bet-Formel zu wählen.

Greening

Mit der Greening-Funktion kann ein Trade jederzeit mit einem Klick durch platzieren einer Gegenwette beendet werden, wobei für die Gegenwette die aktuelle Quote zugrunde gelegt wird. Das Ergebnis kann ein Gewinn, aber auch ein Verlust sein und der Einsatz wird mit der Smart-Bet-Formel berechnet.

Weight of Money (WoM)

In der Grid-Ansicht sollte eine Weight of Money Anzeige vorhanden sein. Diese zeigt die Gewichtung des Geldes zwischen der Back- und der Layseite an. Diese Anzeige kann eine große Hilfe bei der Einschätzung der Trends sein.

Die Grid-Ansicht

Die Grid-Ansicht ist die normale Darstellung des Marktes mit den drei jeweils besten Quoten. Auf der Homepage der Wettbörse ist nur die jeweils beste Quote anklickbar. Ebenso fehlt die Weight of Money Anzeige.
Bei der Software wird die Weight of Money Anzeige eingeblendet und jedes Quotenfeld ist aktiv und somit anklickbar.

100.9%			BACK	WoM	LAY		99.4%
1.06 €4875	1.07 €2665	1.08 €4774	+104%	1.09 €195	1.1 €5744	1.12 €100
10.5 €26	11.5 €158	12 €25	-9%	13 €189	15 €8	16 €31

Die Ladder-Ansicht

In der Ladder-Ansicht werden nicht nur die jeweils drei besten Quoten angezeigt, sondern alle aktuellen Quoten des Marktes. Zu jeder Quote wird auch angezeigt, mit welchen Summen diese Quoten angeboten werden und Sie können auch sehen, für welche Quoten keine Angebote vorhanden sind. Welche Vorteile das für Sie haben kann, erkläre ich unter Tipps und Tricks ganz detailliert.

		1.21	12	
		1.2	10	
		1.19		
		1.18		
		1.17		
		1.16	84	
		1.15		
		1.14	211	
		1.13	624	
	73	1.12		
	250	1.11		
		1.1		
	1034	1.09		
		1.08		
	3769	1.07		10
	263	1.06		

Kapitel 10: Hinter den Kulissen

Wenn Sie Ihre erste Wette abgegeben haben und nun darauf warten, dass Ihre noch offene Gegenwette angenommen wird, geschieht hinter den Kulissen einiges, worauf Sie zwar keinen Einfluss haben, was sie aber wissen sollten.
In der abgebildeten Ladder-Ansicht können wir nun sehen, was da abläuft.
Sie haben eine Backwette mit einer Quote von 1.12 angenommen und diese Quote wird nun noch mit 73,- Euro angeboten.
Zugleich haben sie die Gegenwette mit 10,- Euro und einer Layquote von 1.07 platziert. Diese ist eine offene Wette und wird mit dem entsprechen Betrag angezeigt. Da diese offene Laywette als Back-Angebot erscheint, ist der Betrag von 10,- Euro in den 3769,- Euro auf der Backseite enthalten. Erst wenn diese 10,- Euro angenommen werden, ist ihre Laywette keine offene Wette mehr.
Zuvor müssen aber noch die besseren Backquoten angenommen werden. Das wären dann 1357,- Euro (73 + 250 + 1043). Wenn diese dann angenommen worden sind, verbleibt noch die Quote 1.07 mit 3769,- Euro, in denen Ihre 10,- Euro enthalten sind.
Darum sollte die Gegenwette so früh wie möglich platziert werden, damit sie schnellstens angenommen werden kann. Es kommt dabei nicht darauf an, dass die Layquote von z.Zt. 1.13 auf den Wert 1.07 absinkt, sondern ob die Backquote von 1.07 angenommen wird.

		1.21	12	
		1.2	10	
		1.19		
		1.18		
		1.17		
		1.16	84	
		1.15		
		1.14	211	
		1.13	624	
→	73	1.12		
	250	1.11		
		1.1		
	1034	1.09		
		1.08		
	3769	1.07		10
	263	1.06		

Schauen wir uns das noch einmal an.

	1.21	12	
	1.2	10	
	1.19		
	1.18		
	1.17		
	1.16	84	
	1.15		
	1.14	211	
	1.13	624	
→	1.12		
	1.11		
	1.1		
	1.09		
	1.08		
	1.07		10
	1.06		

Die hohen Backquoten wurden angenommen und die beste Backquote ist nun die 1.07, die mit 10,- Euro angeboten wird. Das ist Ihre offene Laywette.
Die beste Layquote ist z.Zt. die 1.13, die aber niemand haben möchte.
Da Sie Ihre Laywette mit der Quote 1.07 aber bereits als offene Wette platziert haben, wird diese angenommen, wenn die Backquote 1.07 mit 10,-Euro angenommen wird. Hätten Sie die Laywette nicht als offene Wette platziert, würden Sie immer noch vor dem Computer sitzen und darauf warten, dass die Layquote von 1.13 auf 1.07 fällt. Da können Sie eventuell lange warten.
Dieses ist auch der Grund dafür, warum ein System nicht auf dem Papier getestet werden sollte, da das den ganzen Spielverlauf verfälschen würde. Allerdings hat ein auf dem Papier getestetes und für gut befundenes System in der Praxis dann noch besser läuft, weil im Test nicht alle Chancen wahrgenommen wurden.

Kapitel 11: Tipps und Tricks

Sie haben in der Ladder-Ansicht gesehen, was da hinter den Kulissen so abgeht, und da wollen wir dann gleich einmal mit der Trickserei beginnen. Sie erkennen, dass die anderen Teilnehmer absolut nicht unsere Freunde sind, denn auf dem Weg zum Erfolg stellen diese sich uns in den Weg. Schauen wir uns doch noch einmal das Beispiel an.

		1.21	12		✓
		1.2	10		
		1.19			
		1.18			
		1.17			
		1.16	84		
		1.15			
		1.14	211		
		1.13	624		
→	73	1.12			
	250	1.11			
		1.1			
	1034	1.09			
		1.08			
	3769	1.07		10	
	263	1.06			

Zwischen unserer Backquote von 1.12 und der Layquote von 1.07 liegen 5 Ticks und 5116,- Euro, die noch angenommen werden müssen, bevor die Laywette mit 10,- Euro ebenfalls angenommen wird. In dieser Zeit kann viel geschehen und es wäre überlegenswert, ob man die Laywette nicht besser auf einer anderen Quote platzieren sollt. Bei 1.08 wäre der Gewinn zwar etwas niedriger, aber es entfällt auch die Quote 1.07 mit 3759,- und somit müssen nur noch 1357,- Euro angenommen werden, damit unsere Laywette mit 1.08 angenommen werden kann. Bei einer Quote von 1.1 wären es immer noch 2 Ticks für den Gewinn, aber das Risiko ist erheblich geringer, da nur noch 293,- Euro angenommen werden müssen.

Stornieren oder Ändern offener Wetten

Die Einsätze sowie die Quoten der noch offenen Gegenwetten können jederzeit verändert werden. Das geschieht durch Bearbeitung der noch offenen Wette.
Man kann allerdings auch eine neue Einzelwette durch anklicken der Quote platzieren, sollte dann aber zuvor die offene Wette stornieren, damit nicht beide Wetten angenommen werden.

Vertrauen Sie Ihrer Strategie

Wenn Sie eine Strategie entwickelt und ausgetestet haben, dann sollten Sie ihrer eigenen Strategie auch vertrauen.
Dazu betrachten wir doch einmal die von uns erstellte Strategie:
Wir platzieren beim Spielstand von 0:0 und einer Backquote von 1.06 die beiden Wetten. Die Layquote liegt bei 1.03.
Der Verlauf ist dann folgendermaßen: Auch wenn 1 oder mehrere Tore fallen, wird die Laywette mit der Quote 1.03 angenommen oder das Spiel endet, bevor ein 5. Tor fällt. Selbst bei 4 Toren steigen wir nicht aus, denn dass ein 5. Tor fällt, ist so selten, dass sich ein Verlust rechnet. Vorzeitige Ausstiege bei 4 Toren würden sich nicht rechnen.
Wenn wir davon überzeugt sind, dass uns weitestgehend nichts passieren kann, dann können wir auch, wenn vor Annahme der Laywette ein Tor fällt und die Backquote stark ansteigt, beispielsweise auf 1.2 oder mehr, auf diese hohe Backquote einen neuen Trade mit beispielsweise 10 Ticks setzen. Wenn die Strategie aufgeht, kann ja nichts passieren, denn entweder wird die Layquote von 1.03 angenommen und damit auch die etwas höher liegende des 2. Trades, oder das Spiel endet mit weniger als 5 Toren.
Wer A sagt, kann auch B sagen. Ich arbeite so und es hat sich immer gerechnet. Allerdings gehe ich nur nach dem 1. Tor derartig vor. Nach dem 4. Tor in der 80. Minute traue ich mich nicht, obwohl es im Prinzip ja nichts anderes wäre, aber Statistik gilt wahrscheinlich nur solange, wie der eigene Kopf bereit ist, diese zu akzeptieren.

Probieren Sie es selber aus.

Der richtige Einsatz

Normalerweise berechnen wir den Einsatz für die Gegenwette mit der **Smart-Bet-Formel**, damit in jedem Fall, unabhängig vom Ausgang des Events, ein Gewinn anfällt. Diese Formel wenden wir immer dann an, wenn der Ausgang des Events noch ungewiss ist. Das gilt auch für eine eventuell notwendige Schadensbegrenzung.
Neben dieser Formel haben wir aber auch noch andere Möglichkeiten, den Einsatz und damit auch den Gewinn entsprechend unseren Wünschen anzupassen.

Die Back-Bet-Formel

Formel:

Einsatz Lay = Einsatz Back oder

Einsatz Back = Einsatz Lay

Das Ergebnis (Gewinn oder Verlust) wird der Backwette zugeordnet. Wird die Backwette gewonnen, ergibt sich ein Gewinn oder ein Verlust. Wird die Laywette gewonnen, ergibt sich weder ein Gewinn noch ein Verlust.

Die Lay-Bet-Formel

Die Formel lautet:

$$\text{Einsatz} = \frac{(\text{Quote der ersten Wette} - 1) \times \text{Einsatz}}{(\text{Quote der Gegenwette} - 1)}$$

Das Ergebnis, sei es ein Verlust oder ein Gewinn, wird der Laywette zugeordnet.

Wird die Laywette gewonnen, ergibt sich ein Gewinn oder ein Verlust. Wird die Backwette gewonnen, ergibt sich weder ein Gewinn noch ein Verlust.

Das folgende Beispiel stellt eine Back-Lay-Wette in einer Gewinnsituation dar, in der die Layquote niedriger ist als die Backwette.

Nach der Smart-Bet-Formel ergibt sich in jedem Fall ein Gewinn von 71,25 Euro.

Bei der Berechnung mit der Back-Bet-Formel beträgt der Gewinn 142,50 Euro, wenn die Backwette gewonnen wird.

Bei der Berechnung mit der Lay-Bet-Formel beträgt der Gewinn 142,50 Euro, wenn die Laywette gewonnen wird.

ohne Gewichtung - Smart-Bet-Formel

Möglicher Totalverlust:			-100,00	
	Quote	Einsatz	Back gewinnt	Lay gewinnt
Back	3,50	100,00	250,00	-100,00
Lay	2,00	175,00	-175,00	175,00
		Gewinn / Verlust	75,00	75,00
		Provision	-3,75	-3,75
		Netto	71,25	71,25

Gewichtung auf die Backwette (Back-Bet-Formel)

Möglicher Totalverlust:			-100,00	
	Quote	Einsatz	Back gewinnt	Lay gewinnt
Back	3,50	100,00	250,00	-100,00
Lay	2,00	100,00	-100,00	100,00
		Gewinn / Verlust	150,00	0,00
		Provision	-7,50	0,00
		Netto	142,50	0,00

Gewichtung auf die Laywette (Lay-Bet-Formel)

Möglicher Totalverlust:			-100,00	
	Quote	Einsatz	Back gewinnt	Lay gewinnt
Back	3,50	100,00	250,00	-100,00
Lay	2,00	250,00	-250,00	250,00
		Gewinn / Verlust	0,00	150,00
		Provision	0,00	-7,50
		Netto	0,00	142,50

In einer Verlustsituation, in der die Layquote höher ist als die Backwette, sieht es etwas anders aus.

Nach der Smart-Bet-Formel ergibt sich in jedem Fall ein Verlust von 12,50 Euro.

Bei der Berechnung mit der Back-Bet-Formel beträgt der Verlust 50,- Euro, wenn die Backwette gewonnen wird.

Bei der Berechnung mit der Lay-Bet-Formel beträgt der Verlust 16,67 Euro, wenn die Laywette gewonnen wird.

ohne Gewichtung - Smart-Bet-Formel
Möglicher Totalverlust: -100,00

	Quote	Einsatz	Back gewinnt	Lay gewinnt
Back	3,50	100,00	250,00	-100,00
Lay	4,00	87,50	-262,50	87,50
	Gewinn / Verlust		-12,50	-12,50
		Provision	0,00	0,00
		Netto	-12,50	-12,50

Gewichtung auf die Backwette (Back-Bet-Formel)
Möglicher Totalverlust: -100,00

	Quote	Einsatz	Back gewinnt	Lay gewinnt
Back	3,50	100,00	250,00	-100,00
Lay	4,00	100,00	-300,00	100,00
	Gewinn / Verlust		-50,00	0,00
		Provision	0,00	0,00
		Netto	-50,00	0,00

Gewichtung auf die Laywette (Lay-Bet-Formel)
Möglicher Totalverlust: -100,00

	Quote	Einsatz	Back gewinnt	Lay gewinnt
Back	3,50	100,00	250,00	-100,00
Lay	4,00	83,33	-250,00	83,33
	Gewinn / Verlust		0,00	-16,67
		Provision	0,00	0,00
		Netto	0,00	-16,67

Die jeweils richtige Formel ergibt sich dann aus der jeweiligen Situation.

Die Gewinnsituation

Ist der Ausgang ungewiss, empfiehlt sich die Smart-Bet-Formel. Dann ist ein Gewinn sicher.
Mit der Back-Bet-Formel ergibt sich jedoch ein größerer Gewinn, wenn die Back-Wette gewonnen wird. Fall die Backwette allerdings nicht gewonnen wird, kann man auch nichts verlieren.
Mit der Lay-Bet-Formel ergibt sich auch ein größerer Gewinn, wenn die Laywette gewonnen wird. Fall die Laywette allerdings nicht gewonnen wird, kann man auch nichts verlieren.
Man sollte sich ziemlich sicher sein, welche Wette gewinnen wird, bevor man eine andere Formel statt der **Smart-Bet-Formel** verwendet. Allerdings kann man in der Gewinnsituation nichts verkehrt machen. Schlimmstenfalls gewinnt man eben nichts.

Die Verlustsituation

In der Verlustsituation sollte man sich absolut sicher sein, welche Wette gewinnt, denn sonst droht ein hoher Verlust.

Schlusswort

Wir sind jetzt am Ende und ich hoffe, dass es mir gelungen ist, ihnen das Trading so zu beschreiben, dass Sie zukünftig erfolgreich in dieser Wettart bestehen können. Für alle Probleme, die im Zusammenhang mit dem Trading entstehen können, verfügen Sie nun über das nötige Rüstzeug zur Lösung dieser Probleme, sofern sie denn zu lösen sind. Es liegt nun bei Ihnen, wie sie zukünftig vorgehen werden. Sie können spontan auf Trends setzen oder auch eigene Strategien entwickeln. Das müssen sie, je nach Veranlagung und Risikobereitschaft, selber entscheiden.

Sie werden während der Lektüre dieses Buches selber festgestellt haben, dass es keine Geheimstrategien gibt, sondern es wird auch hier nur mit Wasser gekocht. Wie man geeignete Trends findet und wie man eine Strategie entwickelt, ist kein Geheimnis, sondern es gehört einfach zum Handwerk. Allerdings verrät niemand seine Strategie, denn die gilt als Betriebsgeheimnis.

Vergleichen wir das mal mit dem Ölsucher, der eine Ausbildung zum Geologen absolviert hat. Während seines Studiums hat er gelernt, wie man eventuelle Ölvorkommen sucht und woran man sie erkennt. Dieses Wissen gehört zum Handwerk des Geologen und ist in keiner Weise geheim. Wenn er aber fündig wird, bleibt der Fundort solange geheim, bis alle Rechte angemeldet sind.

Beim Traden ist die Art und Weise, wie ein Trend ermittelt und damit eine Strategie erstellt wird, auch nicht geheim. Geheim ist allerdings der Markt, in dem Sie fündig geworden sind und in dem Sie weiterhin traden möchten.

Dass man beispielsweise am Trading nur dann erfolgreich sein kann, wenn man seine Wetten auch platziert, haben Sie eventuell bisher nicht gewusst, aber das stellt kein schützenswertes Geheimnis dar. Das ist etwas, was jeder Trader wissen sollte, aber was Sie sich selber erarbeiten, gehört Ihnen. Verraten Sie auf keinen Fall die Details ihrer Vorgehensweise.

Und nun wünsche ich Ihnen viel Erfolg beim Traden.

Ihr Ralf Betmann

Anhang

Wettbörsen

Betfair
http://www.betfair.com

Mybet
http://www.mybet.com

Mansion
http://www.mansion.com

Betsson
http://www.betsson.com

BETDAQ
http://www.betdaq.com

REDBET
http://www.redbet.com

BetOnBet
http://www.betonbet.com

Live-Scores und Live-Ticker

BWIN
http://www.bwin.com

Futbol.24
http://futbol24.com
http://futbol24.com/f24_livenow/LiveNow.html

Kalkulatoren

Arbcruncher
http://www.arbcruncher.com/free_popup.asp?type=3

Chromaweb
http://www.chromaweb.com/bets/calculator/index.php

Wettsoftware

FairBot
http://www.binteko.com
http://www.betandrescue.de/html/software_fairbot.html
http://www.betandrescue.de

Nützliche Adressen

BetAndRescue.de
http://www.betandrescue.de

BetAndRescue.de Sportforum
http://betandrescue.sportboard.net/index.htm

Ralf Betmann
http://betman.blogspot.com